L. B. SATIS & T. K. YONGDROUP

L'ORACLE DES GÉMEAUX

Mieux se connaître et se réaliser

Jouvence éso

Dans la même collection aux Éditions Jouvence

L'Oracle du Bélier (20 mars – 20 avril)
L'Oracle du Taureau (21 avril – 21 mai)
L'Oracle des Gémeaux (22 mai – 22 juin)
L'Oracle du Cancer (23 juin– 22 juillet)
L'Oracle du Lion (23 juillet – 22 août)
L'Oracle de la Vierge (23 août – 22 septembre)
L'Oracle de la Balance (23 septembre – 22 octobre)
L'Oracle du Scorpion (23 octobre – 22 novembre)
L'Oracle du Sagittaire (23 novembre – 22 décembre)
L'Oracle du Capricorne (23 décembre – 21 janvier)
L'Oracle du Verseau (22 janvier – 20 février)
L'Oracle des Poissons (21 février – 19 mars)

Catalogue gratuit sur simple demande.

ÉDITIONS JOUVENCE
France : BP 90107 – 74161 Saint-Julien-en-Genevois Cedex
Suisse : Route de Florissant, 97 – 1206 Genève
Site Internet : www.editions-jouvence.com
E-mail : info@editions-jouvence.com

ISBN : 978-2-88953-468-5

Maquette de couverture et intérieure : Charlotte Thomas
Couverture : Éditions Jouvence
Composition : Virginie Cauchy
Illustrations : Charlotte Thomas et iStock © Alisovna

SOMMAIRE

AVANT-PROPOS

Chères lectrices et chers lecteurs,

Rien de nouveau sous le soleil nous disait l'Ecclésiaste il y a plus de 2 000 ans. Le temps passe, mais nous restons pris dans la nasse des mêmes désirs, angoisses et paradoxes. Qui suis-je ? Où vais-je ? Et pourquoi suis-je là ? Sur ces sujets, avons-nous plus de réponses aujourd'hui qu'hier ? Rien n'est moins sûr. Et ce fameux « progrès » qui nous a surtout éloignés de nous-mêmes et de notre nature (dans tous les sens du terme), n'arrange pas les choses.

Heureusement, des petits cailloux lumineux ont été semés sur la route des chercheurs. Ce sont les étoiles, les planètes, ainsi que la somme des informations collectées à leur sujet par des milliers d'individus sur des centaines de générations : nous parlons de l'astrologie, cette voie aussi vieille que le monde.

Bienvenue dans ce monde passionnant !

Nous vous souhaitons un très bon voyage parmi les étoiles et les planètes.

L. B. Satis et T. K. Yongdroup

INTRODUCTION

« J'peux pas, j'ai astro »

À l'heure où fleurit l'astrologie sur Instagram, façon *life style* ou décalée, et alors qu'elle s'invite jusque sur les robes de prêt-à-porter ou dans les rentrées astro-littéraires, une évidence tombe du ciel : l'astrologie se refait une beauté. Cela fait écho à notre besoin de sacré, et à notre recherche de sens. Mais quand il s'agit de traverser le miroir, de mettre sérieusement et sincèrement la main à la pâte, elle reste toujours aussi sibylline.

L'horoscope

Vous entendez dire que Pluton est rétrograde, que vous allez sans doute vous prendre une météorite sur le coin du nez mais qu'il faut « accompagner le mouvement »... Que la nouvelle lune approche, que c'est donc le moment de poser vos intentions tout en portant un beau bracelet mêlant obsidienne noire et améthyste... Que vous êtes Gémeaux et qu'à partir de là, il est normal que vous soyez quelque peu dispersé.

D'un côté, c'est inspirant cette touche « magique ». Et cela vous donne la sensation d'être relié à une voie très ancienne. De l'autre, cela laisse dubitative votre petite voix intérieure qui vous susurre que c'est peut-être un petit peu plus subtil que cela…

Effectivement, ce n'est pas exactement la vision de l'astrologie que nourrissaient Ptolémée, Newton ou Galilée, à une époque où elle n'était pas différenciée de l'astronomie. Précisément, l'astrologie comptait parmi les disciplines que tout savant se devait de connaître. Quant aux rois et reines du passé qui prenaient soin de garder auprès d'eux des astrologues de renom, ils ne se seraient pas contentés de conseils à la petite semaine pour savoir s'il fallait envahir un pays ou contracter un mariage avec telle ou telle famille.

Tout cela pour vous dire que cet art majeur a beaucoup - plus - à offrir que vous ne l'auriez peut-être imaginé… Avec de la précision en bonus !

Notre proposition

Dans cet ouvrage, nous aimerions vous faire découvrir **une dimension de l'astrologie qui vous place au rang d'acteur ou d'actrice de votre vie**. *Exit*, la position de victime de la fatalité.

Mais point de promesses douteuses, soyons clairs : ce livre ne fera pas de vous un astrologue. Plutôt un néophyte éclairé, familiarisé avec les principaux éléments de cet art millénaire. Ainsi équipé, vous serez en mesure de comprendre les éléments de base de cette science symbolique… Car tout est là : dans le symbole.

Mais qu'est-ce qu'un symbole ?

Symbole : « *Objet sensible, fait ou élément naturel évoquant, dans un groupe humain donné, par une correspondance analogique, formelle, naturelle ou culturelle, quelque chose d'absent ou d'impossible à percevoir*[1]. »

En nous vivent nos lointains ancêtres, qui étaient naturellement connectés aux mystères d'un Univers où chaque élément, arbre, pierre, vol d'oiseau, comète, éclipse, phase lunaire était indicateur de quelque chose de présent ou à venir qu'il fallait décrypter…

Progressivement, un sens fut donné à ces manifestations. Cela généra des histoires, des mythes, et des représentations sous la forme d'images synthétiques : les symboles.

Exemple : Jupiter est un personnage mythologique, symbolisé par la foudre. Si je porte sur moi une représentation de la foudre, alors, Jupiter m'accompagne et me protège.

Ces symboles, donc ces dieux, constituent justement l'alphabet du langage astrologique.

Nous ne les comprenons plus, pourtant ils nous composent, et notre thème astral en est l'illustration.

Et si, en s'appuyant sur notre quotidien, il était possible de se reconnecter à ces symboles ainsi qu'à leur potentiel ?

1. Définition tirée du Centre national de ressources textuelles et lexicales (CNRTL).

D'une pierre, deux coups. En retrouvant les clés de ce langage, nous porterons un regard renouvelé sur notre existence.

L'enjeu de ce livre

Notre but : vous aider, grâce à la compréhension de ces différents symboles, à accéder à des réalités agissantes dans votre existence, bien qu'invisibles jusque-là.

Ainsi, quand nous évoquerons les signes du Zodiaque, les aspects, les maisons et les modes, vous serez systématiquement invité à vérifier de quelle façon vous reconnaissez - ou non - cela dans votre existence.

La finalité des exercices que nous vous proposons n'est pas tant de connaître l'avenir, que de vous découvrir vous-même. À partir de là, vous en viendrez progressivement à comprendre que vous êtes la clé qui ouvre toutes les portes, et que votre place n'est pas tant dans un signe ou un autre, mais au cœur du Zodiaque. L'astrologie deviendra ainsi une aide précieuse pour faire face aux défis et choix de votre vie.

À partir du moment où nous sommes centrés, quels que puissent être les événements qui adviennent, il nous est plus facile de poser l'acte juste au moment adéquat.

Simple comme bonjour

« Quelle énergie dois-je mettre en œuvre, et dans quel secteur, pour que les choses évoluent au mieux dans ma vie ? »

C'est ni plus ni moins à cette question que l'oracle vous propose de répondre, jour après jour. Ou semaine après semaine, selon vos goûts. Pour pratiquer, il vous suffira de détacher les vingt-quatre cartes offertes dans cet ouvrage et de faire connaissance avec votre oracle.

Concrètement, *L'Oracle des Gémeaux* est divisé en trois parties.

Dans la **première partie**, vous découvrirez :

1. un tableau général de votre signe ;
2. ce qu'il faut entendre par « votre signe » ;
3. les croyances dont il est bon de se libérer à son sujet.

La **deuxième partie** vous présentera les bases de l'astrologie. Vous y découvrirez notamment les relations naturelles entre votre signe et les autres signes du Zodiaque, ainsi que des exercices, **systématiquement basés sur votre expérience personnelle**, qui vous aideront à appréhender de plus en plus finement l'astrologie.

Fort de ces connaissances, vous pousserez la porte de la **troisième partie,** celle de l'oracle du Zodiaque. Cet oracle a la particularité de vous proposer une stratégie d'attitude. Il s'agit en quelque sorte d'un oracle comportemental. Chaque jour ou chaque semaine, vous demanderez à l'Univers quel type d'énergie il est bon pour vous de développer, et précisément dans quel secteur de votre vie. Progressivement, vous découvrirez peut-être que les secteurs proposés tombent souvent juste, et qu'il s'y trouvait effectivement matière à œuvrer.

Si vous en faites bon usage, cet oracle deviendra un véritable guide, un allié du quotidien.

CONSEIL

Si vous désirez tirer toute la pertinence de cet ouvrage, il est préférable de ne pas sauter la première partie et de jouer le jeu des exercices, dans l'ordre où nous vous les proposons.

Quelques mots sur les auteurs

L'astrologie et les oracles sont le quotidien de vos deux serviteurs. Nous nous sommes formés, nous pratiquons depuis des années, et nous accompagnons de nombreuses personnes. Nous avons aussi écrit quelques ouvrages sur ce sujet et sur d'autres. Cela nous a apporté des expériences variées, qui ont donné naissance à certaines réflexions, parmi lesquelles, celle-ci : dans la littérature dite « d'épanouissement personnel », l'auteur n'est clairement pas le sujet. Ce livre n'est pas le nôtre, mais le **vôtre**… Et la technique que nous allons vous enseigner, bien qu'originale par certains côtés, appartient avant tout à l'humanité. Nous ne sommes qu'un maillon dans une chaîne de traditions, et nous aspirons avant tout à **transmettre**, c'est tout. Voilà pourquoi nous avons choisi d'écrire de façon anonyme. Par réelle conviction.

Si au fil de la pratique de cet humble manuel, vous êtes traversé par la pensée que l'astrologie est un art véritable, nous en serons très heureux. Bien sûr, ce n'est que le début du voyage. Pour ceux à qui les astres parlent intimement, pourvu qu'ils fassent provision de patience et de passion, deux ingrédients miraculeux… le Zodiaque se chargera de montrer le chemin !

Première partie

Le portrait des

GÉMEAUX

Donc, vous êtes du signe des Gémeaux.

C'est vous le lutin rigolard, indispensable à toute soirée chez l'ambassadeur. Boute-en-train, vous vous jouez de tout, y compris de vous-même. Pour autant, vous ne perdez jamais de vue votre propre intérêt. Devant votre aplomb, les convives se disent qu'après-tout, il n'y a guère besoin d'être compétent pour paraître intelligent… Et ça les rassure. En réalité, vous endormez leur vigilance, pour mieux les séduire, et les entourlouper. C'est un peu roublard, certes, mais tant de talent force le respect.

En même temps, vous n'y êtes pas pour grand-chose ; avec Mercure comme complice, autant dire que vous êtes né prestidigitateur.

Et si jamais quelqu'un s'avise d'aborder un sujet ennuyeux où, miracle, vous n'avez rien à dire, vous trouverez toujours le moyen de dégainer un bon mot de votre chapeau pour ridiculiser l'importun. D'une pierre deux coups : vous sauvez la soirée, et vous ramenez l'attention vers le seul sujet qui vaille, vous.

Conteur né, embrouilleur invétéré, vous le savez, les gens préféreront toujours une belle histoire à la vérité… Et dans le domaine, nul ne vous surpasse. Votre bagou est aussi creux qu'efficace : à la table de poker où vous plumez les candides, à la brocante où vous jurez que « *c'est un original* » (cette croûte vous avait tout de même coûté 5 €)…

comme à la Maison-Blanche. Et c'est ainsi qu'en 2016, au royaume de la désinformation, un bouffon devint roi.

La profondeur ? Hormis celle de votre piscine, elle ne vous intéresse pas.

En somme, vous êtes un éternel ado, à l'immaturité pathologique. Une girouette capable de soutenir tout et son contraire, tant que cela sert vos intérêts… Et pour finir, quand le mot « engagement » parvient à vos oreilles, vous nous faites une poussée d'acné.

Voilà le tableau classique… caricatural. Il ne vous fait pas plus honneur qu'à l'astrologie.

CHERS GÉMEAUX,

dans cet ouvrage, vous êtes invités
à descendre à l'intérieur de vous-mêmes,
à toucher la quintessence de votre Soleil
et à découvrir ce qu'il implique.

De là émergera cette certitude : non seulement, vous n'occupez pas uniquement le rayon « farces et arnaques » dans le supermarché du Zodiaque, mais vous êtes infiniment plus riches et complexes que ces perles enfilées en un vilain collier.

Si vous le voulez bien, nous allons tout reprendre à zéro. Et **revenir aux fondamentaux**.

Le climat, la saison, et les variations de lumière sont les premières informations dans lesquelles nous pouvons puiser pour comprendre un signe.

Les anciens ont mis en relation ce qui se passait sur Terre, avec ce qu'ils observaient dans le ciel au même moment. Puis, au fil du temps, ils tirèrent des règles de la récurrence de ces phénomènes.

Quand vous dites « je suis Gémeaux », vous sous-entendez qu'au moment de votre naissance, entre le 22 mai et le 22 juin, le Soleil se trouvait positionné dans une région du ciel à laquelle les anciens attribuèrent des caractéristiques. Lesquelles ?

Nous sommes à la fin du printemps. Partout, des gazouillis, et sur les chemins de traverse, un souffle d'air aux effluves de muguet se disperse joyeusement. À l'heure des pique-niques, les rires fusent, gourmandises et robes immaculées se déploient sur l'herbe. La végétation se fait luxuriante, et croît sans effort sous un soleil caressant.

Les Gémeaux sont à l'image d'une peinture impressionniste : c'est agréable et doux, une touche légère comme plume capte le moindre mouvement.

Comme l'ensemble des signes du Zodiaque, l'intériorité des Gémeaux est teintée de composantes propres à sa saison. Une sorte de climat intérieur qui vient puiser dans le climat du dehors.

Portrait de la dominante Gémeaux

Enfant de Mercure

Mercure est votre planète tutélaire. De quel acolyte vous bénéficiez ! Fils de Jupiter, ce virtuose naît dans une grotte en Arcadie. Son premier geste, tout nourrisson qu'il était, fut de créer la lyre ; le second de voler à Apollon son troupeau de bœufs sacrés. Avouez qu'il est doué, le Vif-argent. Mis à l'index pour son forfait, le divin fripon retourne tout le monde par un prodigieux discours... Chacun est conquis par son éloquence. Le voici, ni une ni deux, propulsé messager des dieux de l'Olympe.

Rapide comme le vent, il transmet aux hommes d'immortels édits. Et entre deux missives, il arpente les chemins en quête de bonne fortune, quitte à la dérober. Parce qu'il personnifie le négoce et la roublardise, votre complice vous dispense un sens génial du commerce. On entre dans votre échoppe pour un renseignement et on en ressort ployant sous les paquets…

La symbolique du messager sous-tend une aptitude à voyager entre les mondes. Figure psychopompe, Mercure accompagne les âmes dans le monde souterrain. Dans la vie quotidienne, les Gémeaux s'intègrent comme caméléon à tous milieux, même éloigné de leur culture d'origine. Flexibles et mobiles, ils sont des prodiges de l'adaptation.

Traditionnellement représenté en éphèbe aux traits délicats, Mercure dispense au signe son allure juvénile. Pensez aux yeux pétillants de Jean d'Ormesson… plus il avançait en âge, plus il semblait rajeunir. Fieffés Gémeaux !

L'élaboration de la pensée

Premier signe d'Air du Zodiaque, tout passe par le tamis de votre esprit. Même le coup de foudre ! Eh oui, à la salle de sport aujourd'hui, ce brun ravageur a fait mouche… mais ce qui vous aiguillonne plus que tout, c'est cette conversation qui vire en joute oratoire. Tellement stimulante. Bref, vous jubilez par l'esprit. Une tocade amoureuse, une ville festive, les Gémeaux intellectualisent tout, conceptualisent tout. Ils pensent le réel, plus qu'ils ne le ressentent… et, il faut aussi le reconnaître, se prennent parfois les pieds dans le tapis de leur cérébralité !

S'ils étaient plus concentrés, nul doute que les Gémeaux régneraient sur le monde… tant ils collectent des données avec une facilité déconcertante. Mais, qu'en font-ils, de ces informations ? Eh bien ils les verbalisent. En clair, ils parlent, traduisent, commentent, twittent, puis parlent encore… On n'est donc pas surpris de trouver au fond de leur besace la communication. Émetteurs et récepteurs, ces joyeux drilles ne cessent de véhiculer des messages, dont l'entourage apprécie fraîchement le caractère essentiel (mais ça, c'est une autre histoire). Bref, les Gémeaux naissent journalistes.

L'abstrait vous parle, le concret beaucoup moins… Éternels étudiants, il arrive que vous réalisiez des thèses… sans jamais leur trouver d'application dans la vie réelle ! Votre passion de l'apprentissage et des liens n'est-elle pas le plus sûr moyen de prolonger votre enfance chérie ?

Par son caractère mutable, le signe lâche les énergies passées, et prépare l'avenir. C'est un redistributeur d'énergie qui ne s'appesantit sur rien. En un mot, les Gémeaux regardent rarement dans le rétroviseur. Tels des farfadets, ils bondissent d'une idée à l'autre, tissent des liens entre toutes et ne se focalisent sur aucune.

La conscience de la dualité

Signe double, les **Gémeaux** sont représentés par deux créatures androgynes, dos à dos ou affrontées. Il s'agit d'une analogie avec le mythe des jumeaux Castor et Pollux. Cette gémellité est prégnante dans l'expérience Gémeaux, car le signe représente l'**étape où l'être conscientise la dualité, pour l**'intégrer en complémentarité. Il déclare « *j'assimile l'autre en moi* ». Ce peut être l'altérité de l'individu extérieur à soi, ou sa propre dualité intérieure dont on perçoit les deux polarités.

Par exemple, on observera lors d'un débat, que les Gémeaux sont enclins à entendre tous les arguments… et se révèlent parfois bien incapables de prendre parti. Leur esprit plastique comprend toutes les opinions, d'où un côté « avocat du diable » parfois déconcertant.

Un être sociable

La plupart des gourmands se régalent d'un café-croissant au saut du lit… Tandis que les Gémeaux, dès l'aube, assouvissent leur boulimie de contacts. Ultra-connectés, grands amateurs de café philo et autres colloques, pour eux, la clé du bonheur résiderait dans une profession aussi ludique qu'évolutive, multitâche et surtout dans l'interaction permanente.

D'ailleurs, s'il y a bien une chose, dont ils s'accommodent pas… c'est la solitude. Profondément sociables, ils supportent mal l'isolement, et ont un besoin viscéral d'échanges avec les autres.

En évolution permanente

Les Gémeaux ne cessent de se réinventer. En conséquence, ce ne sont pas des conservateurs. Cependant, chez certains peuvent subsister quelques vestiges Taureau (signe précédent dans la roue du Zodiaque[2]) que l'être n'a pas encore lâchés. Les Gémeaux surprendront alors par leur entêtement inattendu.

Les jumeaux célestes aiment les idées, mais ne s'identifient pas à elles. Pas plus obsessionnels qu'intégristes, lorsqu'ils constatent l'échec ou la vacuité d'une méthode, ils optent pour une autre sans atermoyer. « *Quand une façon de communiquer ne fonctionne pas, il faut en changer.* » L'auteur de cette ô combien pertinente maxime est sûrement un de vos confrères.

La volatilité de Mercure

Le défaut courant que l'on retrouve chez un esprit aussi vif est sa volatilité. La stabilité et la concentration n'étant pas ses prédispositions premières, le découragement survient parfois trop vite. L'antidote à cela se trouverait dans l'acceptation de cette tendance… Ainsi que dans une discipline adaptée.

2. Pour mieux comprendre cette remarque, nous vous conseillons de vous référer à la roue du Zodiaque présente en couverture du livre.

En organisant vos diverses tâches en courtes sessions, vous garderez en réalité votre fraîcheur d'esprit, qui se ressource continuellement dans la sensation de la nouveauté. Et ainsi, par petites touches, vous avancerez, avec un intérêt sans cesse renouvelé, jusqu'au jour où vous coifferez tout le monde au poteau en présentant une multitude de travaux achevés !

Un caractère émotif-nerveux

Amis Gémeaux, vous disposez d'une centrale nucléaire en guise de mental, il est donc naturel que, de temps à autre, votre tête soit en surrégime… et vos nerfs à fleur de peau. Vous vous épuisez à force de réflexion, tel le hamster cavalant dans sa roue. Dans ce cas-là, un simple retour à la Terre peut être souverain. On débranche et on fait quelques pas dans la nature, vous le sentez ce chèvrefeuille ?

Votre nature vous prédispose à des émotions fortes mais essentiellement éphémères. Quelques idées noires ? Ouste ! Une brise fraîche finit toujours par les balayer. De même, il arrive que vous soyez traversés par des accès de colère, dont il ne restera plus rien le soir venu. Que la vie est douce quand on a le pied ailé !

Si les Gémeaux étaient un pouvoir, quel serait-il ?

Norma Jean Baker est née le 1er juin 1926. Fille d'un père fuyant ses responsabilités et d'une mère instable, elle est trimballée toute son enfance d'orphelinat en foyer. Malgré cet environnement peu favorable, cette belle plante croît, rayonne, et ne demande qu'à croquer la vie à pleines dents. Un peu de mannequinat, et voilà que le cinéma (à travers la Fox) lui tend les bras… et un contrat, qu'elle signe du nom de son double : *Marilyn Monroe*. Cet alter ego, elle le construit de toutes pièces : la blondeur, le grain de beauté dessiné, la bouche écarlate, le rire permanent et ces yeux grands ouverts de femme enfant, charme mutin des Gémeaux, dont l'adolescence n'en finit pas de s'achever. Son esprit, lui aussi très Gémeaux, est tourneboulé en permanence par des questions qui la tourmentent. Elle dévore toute sorte d'ouvrages sur la psychanalyse et la philosophie des nuits durant pour trouver des réponses. **Marilyn Monroe est un bel exemple de l'énergie des Gémeaux, un charme rieur, la conscience de sa propre dualité (manifestée ici par la construction d'un double) et une intelligence débordante de curiosité, en constante ébullition**.

Jean Bruno Wladimir François-de-Paule Lefèvre est né le 16 juin 1925. Issu d'une vieille famille aristocrate, il relate dans « *Au plaisir de Dieu* », une jeunesse privilégiée, incroyablement douce, éclairée par la découverte des livres et du monde. On retiendra de lui sa séduction érudite, un brin cabotine. Ces ouvrages célèbrent la vie, qu'il voulait légère et profonde « *comme la musique de Mozart* ». Durant ses dernières années, les médias se délectent de « Jean d'O », comme d'une figure actuelle, adulée par la jeunesse. Et pourtant, ce délicieux frivole occupa durant quelque quarante-quatre années un siège au sein de l'Académie française. Directeur du *Figaro*, dont son beau-père était le principal actionnaire, il fut sans aucun doute un homme de réseaux. Mais aussi homme de contradictions, à la fois intellectuel et populaire, plutôt conservateur alors qu'il mène une vie transgressive à la *Jules et Jim*, follement romanesque. Son épouse Françoise évoque, émue, dans une interview accordée à *Paris Match* en 2018 : « *Jean était un sublime compagnon, qui m'a séduite pendant cinquante-cinq ans. Un enchanteur. Mais un mari, sûrement pas* ». **Enchanteur, le parfait qualificatif pour Jean, comte d'Ormesson, Gémeaux parmi les immortels.**

Si les Gémeaux étaient un pouvoir : **la jeunesse éternelle, l'apparente légèreté, la curiosité vorace**.

Même si vous vous reconnaissez dans ce portrait des Gémeaux, ne cherchez pas à vous y identifier outre mesure, car comme nous allons le voir, le Soleil n'est qu'une des composantes de votre personnalité. Il ne peut en aucun cas vous résumer.

Après ce bref portrait des Gémeaux, *quid* du reste ?

Donc, au moment de votre naissance, votre Soleil est dans la partie du ciel associée aux Gémeaux. Sauf que, au même moment, d'autres planètes circulent sous la voûte céleste, accompagnées d'autres symboles. Et sans vouloir dénigrer votre Soleil (il est à votre vie ce que le moteur est à votre voiture), **ces autres éléments sont tout aussi importants**.

La représentation de l'endroit où ces planètes se trouvent au moment de votre naissance est ce qu'on appelle **le thème astral.** C'est tout bonnement **une carte d'identité céleste**, composée d'un cercle de 360°, lui-même divisé en douze secteurs de 30°.

Ces secteurs sont les signes astrologiques, et en fonction des planètes qui les traversent, cela teinte particulièrement votre personnalité.

Un thème astral est un cercle divisé en douze signes astrologiques. Ces signes voient une dizaine de planètes les traverser. Lorsque vous naissez, ces planètes se trouvent à un endroit précis du cercle. Et c'est cela qui vous confère, selon l'astrologie, **un caractère unique**.

Concrètement, alors que votre Soleil est dans le signe des Gémeaux, il est possible qu'au même moment, les autres planètes se soient donné rendez-vous en Lion.

Profitons-en pour vous les présenter succinctement :

- ☿ **Mercure** l'espiègle, votre façon de faire des liens, de penser ;
- ♀ **Vénus** la séduisante, celle qui cherche à maintenir les liens, à unir ;
- ♂ **Mars** le guerrier, celui qui ne vibre que par l'action ;
- ♃ **Jupiter**, l'instructeur bon vivant, celui qui fait croître tout processus, qui préside à vos avancées et vous aide à voir le bon côté des choses ;
- ♄ **Saturne**, l'exigeant maître des frontières, des limites et du temps ;
- ☽ **la Lune**, maîtresse de vos besoins et de vos peurs ;
- ♆ **Neptune**, l'idéaliste, épris d'absolu ;
- ♅ **Uranus**, l'explosif éveilleur des consciences ;
- ♇ **Pluton**, le maître des enfers (pas de panique, les enfers sont riches)…
- ☉ quant au **Soleil**, dont nous parlons abondamment depuis le début, il est le chef d'orchestre, la source de chaleur et de lumière à l'origine de tout le reste.

Évidemment, l'astrologie étant l'interprétation des signes célestes vus depuis la Terre, celle-ci n'est pas invitée au banquet olympien.

Alors, certes, votre Soleil est en Gémeaux, mais si vos autres planètes ainsi que les caractéristiques psychiques qu'elles incarnent se trouvent en Lion, pensez-vous vraiment que vous serez tant que cela Gémeaux ? Rien n'est moins certain.

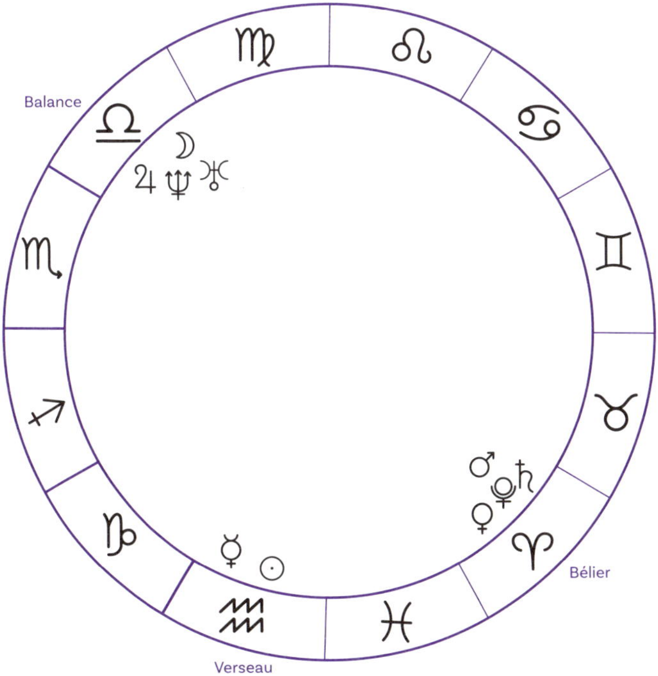

L'exemple ci-dessus vous présente une roue zodiacale. Nous pouvons nettement y observer que le Soleil en Verseau est isolé (il s'agit du petit cercle avec un point central) en compagnie de Mercure. Par ailleurs, les autres planètes du thème se trouvent amassées dans le Bélier et la Balance. Pas besoin d'être devin pour imaginer que ces rassemblements planétaires vont peser dans la balance psychique de cet individu. Alors oui, il est Verseau... Mais uniquement par son Soleil (et Mercure).

Puisque vous découvrez être davantage que votre Soleil, voici un test dont les questions vont vous permettre d'évaluer à quel point les autres signes vous influencent. Sélectionnez en toute sincérité les qualités, adjectifs ou comportements qui vous correspondent le mieux.

Avertissement : les réponses à ce test se trouvent après la question D. S'il vous plaît, n'allez les consulter qu'une fois vos choix effectués. Le but de ce jeu n'est pas de faire un diagnostic détaillé de votre profil astrologique, mais de vous aider à intégrer les notions du chapitre en cours.

QUESTION A • Au quotidien, si vous deviez vous résumer à un personnage, ce serait plutôt...

1. Un révolutionnaire
2. Un soignant
3. Un soldat
4. Un mystique
5. Un sorcier
6. Un paysan
7. Un chevalier
8. Un adolescent
9. Un père ou une mère
10. Un patron
11. Un diplomate
12. Un roi

QUESTION B • Ce que vous aimez faire avant tout :

1. Réaliser
2. Harmoniser
3. Comprendre
4. Innover
5. Construire
6. Diriger
7. Guider
8. Aimer
9. Ressentir
10. Entreprendre
11. Aider
12. Enquêter

QUESTION C • Si vous aviez un petit défaut (allez-y, on est entre nous !) vous vous définiriez plutôt comme :

1. Obsessionnel
2. Susceptible
3. Brutal
4. Rigide
5. Lent
6. Dispersé
7. Maniaque
8. Confus
9. Superficiel
10. Moraliste
11. Fainéant
12. Puéril

✧ **QUESTION D** • Votre chaton Gaspard a disparu ! Comment réagissez-vous ?

1. Vous vous mettez en empathie. Si vous étiez Gaspard, où iriez-vous ? Mais au fond, si vous ne le retrouvez pas, il illuminera certainement la vie de quelqu'un d'autre.
2. Vous interrogez tous les voisins de votre immeuble, quelqu'un a certainement vu Gaspard.
3. L'angoisse vous amène à imaginer les pires scénarios : en premier lieu, vous regardez dans le four et la machine à laver.
4. Pas de problème, vu la qualité de votre habitation et de sa pâtée, vous êtes persuadé que Gaspard reviendra de lui-même.
5. Vous ne paniquez pas et, pragmatique, vous attendez le silence de la nuit pour l'appeler.
6. Vous suivez étape par étape la méthode conseillée : appeler les lieux de refuge pour animaux et signaler sa disparition au cabinet de vétérinaire de votre secteur.
7. Vous ne pouvez pas le perdre, vous lui avez implanté une puce RFID connectée au satellite de la SPA.
8. Vous fondez en larmes, envahi par l'émotion. Vous percevez ce petit chat comme votre enfant, et vous tel un parent indigne.
9. Vous n'avez pas de chat. Vous avez un chien.
10. Après avoir fait une prière, vous sortez votre pendule et une carte de la zone.
11. Vous appelez un ami pour passer au peigne fin tout le quartier. L'union fait la force.

⑫ Sous le coup du stress, vous vous ruez dans la rue en beuglant son nom et en faisant tinter son bol de croquettes… quitte à l'effrayer malgré vous.

RÉSULTATS DU TEST

En fonction de vos résultats, vous pourrez mesurer dans quelle mesure vos traits de caractère sont reliés aux différents signes.

✧ QUESTION A

① Verseau	⑤ Scorpion	⑨ Cancer
② Vierge	⑥ Taureau	⑩ Capricorne
③ Bélier	⑦ Sagittaire	⑪ Balance
④ Poissons	⑧ Gémeaux	⑫ Lion

✧ QUESTION B

① Capricorne	⑤ Taureau	⑨ Cancer
② Balance	⑥ Lion	⑩ Bélier
③ Gémeaux	⑦ Sagittaire	⑪ Vierge
④ Verseau	⑧ Poissons	⑫ Scorpion

✧ QUESTION C

① Scorpion	⑤ Taureau	⑨ Balance
② Cancer	⑥ Gémeaux	⑩ Sagittaire
③ Bélier	⑦ Vierge	⑪ Lion
④ Capricorne	⑧ Poissons	⑫ Verseau

✧ QUESTION D

① Poissons	⑤ Taureau	⑨ Capricorne
② Gémeaux	⑥ Vierge	⑩ Sagittaire
③ Scorpion	⑦ Verseau	⑪ Balance
④ Lion	⑧ Cancer	⑫ Bélier

À l'issue de ce test, il est possible que vous ayez uniquement sélectionné des caractéristiques de type Gémeaux. Cela signifie que vous avez sans doute un grand rassemblement de planètes en Gémeaux. Mais **il est fort probable que vos réponses renvoient à un panel de signes plus large. Et c'est bien normal, le Soleil n'est qu'un des éléments fondamentaux qui constituent un thème astrologique… Donc, aussi important qu'il soit, il ne peut vous résumer.**

En général, les différentes planètes de notre thème sont réparties en de nombreux secteurs du Zodiaque. Ceci nous amène à la conclusion suivante :

Nous ne sommes pas un signe, ni même une planète, **mais le Zodiaque dans son entier**. Et chacune de ces planètes, chacun de ces signes, a des vertus à nous offrir à partir du moment où nous lui prêtons attention.

Deuxième partie

Les bases de L'ASTROLOGIE

Vous voici familiarisé avec votre signe solaire. Notez qu'à chaque fois que nous évoquons les Gémeaux, il est sous-entendu : **votre Soleil en Gémeaux**. Donc une composante importante de votre personnalité, mais en aucun cas quelque chose qui peut vous résumer. Ceci étant dit, partons maintenant à la découverte des autres signes, qui sont tout aussi importants pour vous. Pour ce faire, convoquons votre expérience plutôt qu'une froide théorie.

Commençons par le commencement. La roue zodiacale est un cercle où, selon un rythme invariable, se trouvent disposés les douze signes du Zodiaque. Cette division remonte à Ptolémée, qui vécut au IIe siècle après J.-C.

Elle est accompagnée **d'un tableau que vous connaissez sans doute** : on le retrouve associé à chaque horoscope dans les magazines. Il répertorie les dates correspondantes aux douze signes du Zodiaque. Par là, il faut comprendre que ces dates indiquent la période pendant laquelle le Soleil traverse un signe. Et si ce tableau commence le 20 mars, avec le Bélier, c'est tout simplement parce que, dans l'Antiquité, la nouvelle année débutait au moment de l'équinoxe de printemps, donc quand tout bourgeonnait sur Terre, tandis que le Soleil était dans le quartier du ciel, attribué au Bélier.

Signe	Période où le Soleil demeure dans le signe
♈ **Bélier**	20 mars - 20 avril
♉ **Taureau**	21 avril - 21 mai
♊ **Gémeaux**	22 mai - 22 juin
♋ **Cancer**	23 juin - 22 juillet
♌ **Lion**	23 juillet - 22 août
♍ **Vierge**	23 août - 22 septembre
♎ **Balance**	23 septembre - 22 octobre
♏ **Scorpion**	23 octobre - 22 novembre
♐ **Sagittaire**	23 novembre - 22 décembre
♑ **Capricorne**	23 décembre - 21 janvier
♒ **Verseau**	22 janvier - 20 février
♓ **Poissons**	21 février - 19 mars

Pour les personnes nées un jour de jonction entre un signe et le suivant, il est nécessaire de connaître l'heure et l'année de naissance, afin de déterminer avec certitude dans quel signe astrologique se trouve le Soleil.

Exercice 1 : photo de famille

Passons à la pratique. Il est temps de solliciter votre mémoire, et de **placer dans votre roue zodiacale le Soleil des personnes qui ont compté pour vous.** Mère, père, frères et sœurs, amis, professeurs, amants, adversaires, etc.

Par exemple :

Si Papa est né le 16 décembre, vous regardez dans le tableau, et voyez que son Soleil est en Sagittaire : vous irez donc mettre un P (ou autre, selon ce qui vous convient) à côté du signe du Sagittaire. Idem pour Maman qui a son Soleil en Scorpion, car elle est née le 23 octobre, etc.

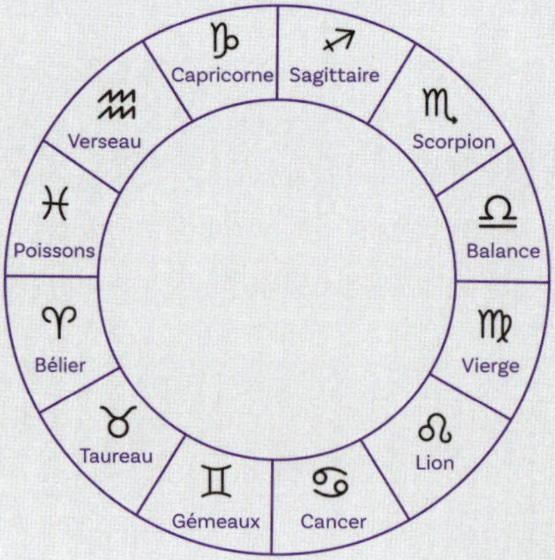

Pour plus de confort,
la roue est téléchargeable
en grand format ici :
https://editions-jouvence.com/
roue-zodiacale

Le premier intérêt de cet exercice est d'avoir s
ment sous les yeux la somme des personnes q
ticipé à vous façonner tel que vous êtes act
Si d'aventure s'élève un sentiment de gratitude, il n'y a aucune raison de le réprimer. Au contraire, il est bon de l'accueillir et de se recueillir en son sein. Il est un excellent antidote au sentiment de solitude, ou d'abandon, qui peut parfois nous saisir.

Exercice 2 : dénominateurs communs

Une fois cela fait, essayez de réfléchir aux points communs entre les personnes qui se trouvent dans le même signe. Prenez votre temps… peu importe si ce n'est pas tout à fait objectif, **ce qui compte, c'est votre perception.**

Réfléchissez à ce que toutes ces personnes de même signe solaire vous ont apporté.

Par exemple :

Peut-être que votre père, votre frère et votre premier amour ont tous trois le Soleil en Gémeaux. Inutile de partir dans des analyses stériles de type : « Oh mon Dieu, je cherche à retrouver mon père à travers mes amours, tout cela est incestueux, vite, mon psy »… Surtout pas !

•••

...

Nous vous invitons seulement à identifier le dénominateur commun entre ces trois personnes. Par exemple, la jovialité, ou la curiosité, etc.

Ne négligez pas ce travail, il est très important pour comprendre comment s'est tissé votre rapport au monde et à vous-même. C'est un outil passionnant pour prendre conscience de la qualité de nos liens.

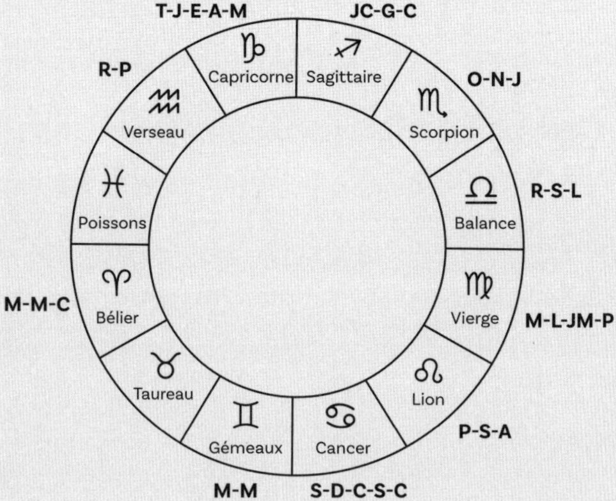

Dans ce thème d'exemple, (celui d'un des deux auteurs de ce livre), nous constatons de nombreuses présences en Cancer et Capricorne. Arrêtons-nous d'abord sur les points du Capricorne. Bien que ces personnes aient eu des rôles aussi contrastés qu'oncle radin, ami colérique, premier amour, collègue informaticien, etc., en y réfléchissant bien, ces individus lui ont tous fait découvrir quelque chose de très concret, par la pratique et parfois de façon aride. S'il devait en retirer une maxime, ce serait sans doute : « C'est en forgeant qu'on devient forgeron. »

Exercice 3 : un regard neuf sur vos relations

Identifiez maintenant les traits de caractère que vous activez en présence des personnes de votre entourage zodiacal. Essayez de visualiser la facette de votre personnalité qui se manifeste à leur contact et notez-la. **Vous pourrez ensuite synthétiser ce qui définit votre relation à l'aide de mots-clés (entraide, confort, tensions, etc.).** Nous vous laissons un peu d'espace pour cela ci-dessous.

....

....

....

....

Retournons au thème de l'auteur. S'il prend le secteur du Cancer, après réflexion sur son expérience, il en retirera deux mots : **colère** et **créativité**. Et si nous l'interrogeons ...

...

sur les Gémeaux, à l'opposé de son signe, les mots qui lui viendront seront : **tendresse** et **étonnement**. Étonnement, car il reste souvent ébahi devant la façon de penser de ces êtres. Certaines de ces relations seront peut-être **tendues**, ce qui n'est pas forcément négatif. Car **souvent, la tension se révèle dynamique, source d'avancée.** D'autres seront plutôt **aidantes, comme une alliance, un soutien.**

Nous ne pouvons que vous conseiller de porter votre attention sur votre roue afin de regarder différemment vos relations.

Vient alors le moment de découvrir une nouvelle notion : **les aspects.** Derrière ce terme se cache quelque chose de très pragmatique.

Les aspects

Ce sont les **angles produits par la disposition des signes et des planètes sur le cercle zodiacal.** Dans cet ouvrage, la logique des aspects s'appliquera uniquement aux Soleils en signes. Pour les astrologues qui nous liraient, pour chaque signe, nous utilisons en repère le point médian de chaque signe, soit le 15e degré. Ainsi, des Gémeaux au Cancer, nous trouvons 30°, des Gémeaux au Lion, 60°, etc.

Les aspects se résument en six principaux.

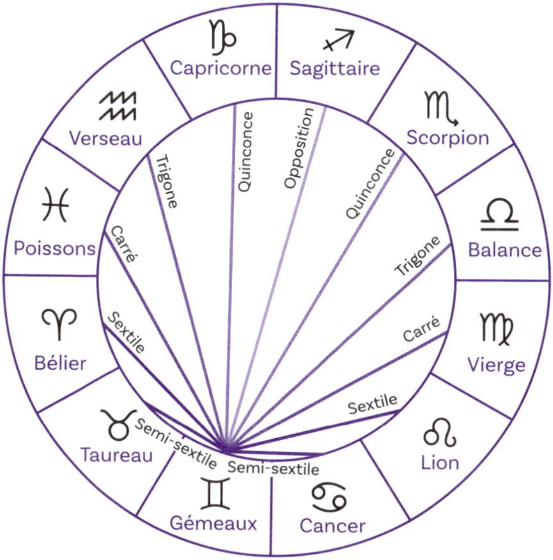

Il y a d'abord les aspects d'aide, dits **harmoniques**.

Trigone

Cet aspect présente un angle de 120°. Il est particulièrement intéressant car il relie les signes de même élément. Ainsi, si nous partons des Gémeaux, signe d'Air, et que l'on cherche les deux trigones que l'on peut lui associer, nous aboutissons à la Balance et au Verseau, les deux autres signes d'Air du Zodiaque. Les vents se renforcent, se nourrissent et s'enrichissent. Ainsi, **le trigone crée une entente propre à l'intimité bienveillante, c'est un aspect de détente.**

Sextile

Dans cette configuration, les signes font un angle de 60°. Ils sont **facilitateurs l'un pour l'autre**. Cet aspect est enclin à la **coopération** et au **confort**, davantage qu'au changement et à la progression.

Semi-sextile

Ce sont vos voisins directs, ils se situent à 30° de votre signe solaire. Ils **entourent le signe où se trouve votre Soleil** tels des amis qui marchent à vos côtés. Vous ne pourrez pas forcément leur demander de l'objectivité, vu qu'ils regardent, à peu de chose près, dans la même direction que vous, mais il y a une précieuse affinité entre vous. Soit ils pondèrent votre énergie solaire, soit ils poussent celle-ci à approfondir son expression. Vous découvrirez tout cela dans le détail au fil des propositions de l'oracle.

Viennent ensuite les **aspects plus tendus, dits « dissonants »**. Ne prenez pas trop ce qualificatif à la lettre, car ils sont souvent **les principaux moteurs du changement**.

Carré

Entre les Gémeaux et la Vierge, et les Gémeaux et les Poissons, il y a **90°**, **soit un angle droit**. C'est **carré**, dynamique, potentiellement source de tensions. Mais la tension est ce que l'on en fait. Sans tension, la flèche ne sera pas décochée. **Sans émulation, les points de vue stagneront.** Cherchez un peu, nous sommes certains que vous **trouverez des configurations** dans la vie où la tension est aussi productive que nécessaire…

Opposition : l'axe Gémeaux-Sagittaire

Face aux Gémeaux, se trouve le Sagittaire. Il s'agit d'un angle à 180°. C'est une droite, donc une **dynamique frontale à l'image de deux personnes face à face, chacune à un bout de la table.** Des adversaires adopteraient cette configuration pour entamer la discussion. Cependant, elle peut prendre d'autres formes : **l'opposition est parfois si grande que l'on s'ignore, ou que la rencontre ne se fait**

pas, tout simplement. Ce dernier point vaut bien une explication.

Cet aspect est majeur dans la constitution de votre personnalité. En effet, **les éléments du thème se construisent** via **l'opposition.** De même que l'enfant passe par la phase du « non », pour se définir, **nos Soleils œuvrent de la même façon**. Dans un premier temps, un individu avec un Soleil en Gémeaux ressentira le besoin de rejeter les valeurs Sagittaire pour asseoir sa nature. Tout ce qui sera du domaine des grandes questions existentielles, de la sagesse, sera perçu comme moraliste et ennuyeux. Et c'est normal... Sauf qu'une fois assimilée sa partie Gémeaux, le natif devra **s'ouvrir à l'opposition afin de l'intégrer**. Même né Gémeaux, on ne peut se contenter d'aborder continuellement les choses avec légèreté, et on finira par comprendre que toutes ces informations que nous collectons lors de nos papillonnages peuvent servir un but plus grand que la simple satisfaction immédiate. Ainsi, il n'est pas rare que le fripon se transforme en philosophe... Et ce n'est pas une trahison vis-à-vis de lui-même, mais la marque que l'être avance et mature pleinement.

Enfin, n'oublions pas que derrière les Gémeaux se cache Mercure, et derrière le Sagittaire se trouve Jupiter. Le fils et le père. Un couple particulièrement bon vivant.

Peut-être avez-vous identifié une opposition dans votre roue zodiacale complétée des Soleils de votre entourage.

Possiblement, cela correspond à une relation qui s'est d'abord avérée conflictuelle, et qui, avec le temps, s'est positivement affinée. Ces gens perçus comme rigides sont maintenant de solides partenaires.

Quinconce

Les signes se trouvent à 150° l'un de l'autre. Cet aspect est empreint d'une certaine tension. Néanmoins, les signes peuvent se rendre service, être moteurs pour « corriger » l'autre, au sens propre comme figuré. Ce n'est pas confortable, mais cela peut être fort utile, voire très enrichissant. Le type de relation qui vous fatigue mais à laquelle vous ne renonceriez pas si vous en aviez la possibilité.

Puis, hors catégorie, et non spécifiée sur le schéma, il y a la :

Conjonction

Dans ce cas, les Soleils sont dans le même signe (donc ici, vous vous trouvez en présence d'une personne du signe des Gémeaux), tout près l'un de l'autre[3]. Pour faire simple, nous dirons qu'ils sont **en fusion**. Retenez que les signes

3. La conjonction est cependant avant tout un aspect entre planètes de 10° d'écart au maximum. Ce n'est pas le propos de notre ouvrage, nous ne nous étendrons donc pas davantage sur ce sujet.

et/ou planètes en conjonction travaillent de concert, c'est une sorte d'**alchimie énergétique**. Une précision tout de même : parfois, cette configuration peut très mal évoluer. En effet, au début, ce sont les ressemblances qui nous attirent (*Oh, toi aussi tu aimes manger les pizzas à l'ananas…*) et avec la conjonction, les points communs ne manqueront pas. Mais sur le long terme, ce qui nous rapprochait, *via* un effet miroir, pourra nous irriter au point de nous éloigner.

Nous avons fait le tour des principaux aspects. Encore une fois, il peut être intéressant de replonger dans votre roue astrologique, et d'observer les différents aspects créés entre votre Soleil et celui de vos proches. Mais prenez aussi quelques instants pour regarder les relations entre les personnes de votre entourage qui se connaissent… Certaines attitudes peuvent devenir très parlantes. Parfois, on pense qu'il y a un gros problème, alors qu'il fallait juste éviter de mettre le chien avec le chat.

Mais les angles ne sont pas l'unique critère pour qualifier une relation entre votre signe et les autres.

Avant de nous lancer dans la pratique de l'oracle, il reste quelques points d'importance à découvrir.

Les éléments

Ils sont au nombre de quatre, et ont chacun trois signes sous leur responsabilité.

C'est une porte d'entrée souvent négligée, ou tout du moins, survolée. Pourtant, elle est facile d'accès et permet d'appréhender les choses à partir du ressenti.

Dans un premier temps, si vous vous sentez noyé dans la masse d'informations relative aux douze signes, n'hésitez pas à vous cantonner aux éléments, ils ne vous décevront pas.

Réfléchissons quelques instants à ce que nous apporte chacun d'eux.

La Terre

Commençons par la Terre. Car c'est elle qui nous supporte. On lui attribue le froid et le sec. Nous en déduirons de la solidité, de l'endurance, une vision du temps à très long terme et un pragmatisme misant sur le concret, le tangible, la pierre. La Terre est patiente, sait encaisser les coups, et renouvelle continuellement le monde. Le **Taureau**, la **Vierge** et le **Capricorne** appartiennent à la **Terre**... Des signes tournés vers les réalisations concrètes. Le défi de ces signes est de se hisser au-delà de leurs préoccupations matérielles et immédiates. L'emprise du désir de conservation peut leur jouer de vilains tours, les amenant à des postures quelque peu sèches et à un repli amer. Qu'ils misent sur la générosité inhérente à leur nature ! La Terre n'est pas avare, car son talent premier est d'**engendrer sans fin**.

Mots-clés : matérialisation ◊ patience ◊ générosité

L'Eau

Vient ensuite l'Eau. Fluide, multiforme, épousant avec aisance la forme des objets qui la contiennent, elle peut représenter une **forte capacité empathique**. Recherchant humblement et systématiquement le point le plus bas, elle va puiser les informations dans les profondeurs, ce qui peut engendrer parfois une tendance à la mélancolie. L'Eau, en plus d'être indestructible, alimente le vivant. Le **Cancer**, le **Scorpion** et les **Poissons** appartiennent à l'**Eau**.

Les anciens lui attribuent l'humide et le froid. Globalement, nous sommes ici dans le règne de l'émotion, de l'onirisme et la subjectivité. La fibre artistique est évidemment présente. Encore quelques détails la concernant : à l'état calme, l'Eau permet à toutes choses de s'y refléter. C'est pourquoi les Tibétains l'associent à la sagesse dite « semblable au miroir ». Mais quand elle est agitée, elle devient raz-de-marée, tsunami… Et c'est alors l'émotion de la colère qui prédomine.

Mots-clés : adaptation ◊ empathie ◊ imagination

Le Feu

La sagesse bouddhiste attribue au Feu **l'énergie du désir**. Il chauffe, il réchauffe. Par sa lumière, il attire, jusqu'au moment où il embrasse et embrase. À son paroxysme, le désir devient intuition… Mais rares sont ceux qui savent canaliser cette vive énergie au point de l'amener jusqu'à ce niveau. Le Feu est chaud et sec. Par son action, tout se transforme. Le métal fond, le bois se consume, et l'eau bout. Il est un agent actif de transformation et la dynamique de ses flammes indique la direction : vers le haut. Maîtrisé, il est la bougie qui éclaire la nuit, le phare qui guide les voyageurs… Débridé, il est la passion dévorante, calcinant tout sur son passage. Suivre son désir coûte que coûte est aussi une excellente façon d'arriver à s'épanouir… Saint Augustin ne disait-il pas : « La débauche est le plus court chemin jusqu'à la sainteté ? »

Le **Bélier**, le **Lion** et le **Sagittaire** appartiennent au **Feu**.

Mots-clés : passion ✧ action ✧ transformation

L'Air

Invisible, intangible et pourtant omniprésent, l'Air incarne la capacité à **relier toutes choses entre elles, avec légèreté**, sans contrainte ni engagement. Dans la société humaine, il prend la forme de la communication. À l'inverse de l'Eau, l'Air ne recherche pas la profondeur, mais la hauteur. En ressort un détachement naturel ainsi qu'une vision large des situations. Les détails et les affects ne sont pas son problème. La question principale de cet élément est surtout la mise en relation, la découverte, et la réflexion… au risque que les idées en restent indéfiniment à l'état de projet. Car l'Air se matérialise aussi à travers le mental, une puissante source de créativité qui peut tourner à la réflexion stérile quand il n'est pas canalisé. Les **Gémeaux**, la **Balance** et le **Verseau** appartiennent à l'**Air**.

Mots-clés : communication ◊ hauteur ◊ détachement

Exercice 4 : quels éléments vous environnent ?

Votre Soleil, en signe d'Air, est-il entouré majoritairement de Feu, d'Eau, de Terre ou d'Air ?

Toujours selon le même procédé, en retournant étudier votre roue zodiacale p.42, vous pourrez observer dans quelle mesure ces qualités sont présentes parmi les Soleils de vos proches.

Après avoir fait la somme de chacun des éléments de votre roue…

Terre	
Air	
Eau	
Feu	

… prenez le temps de vous imprégner de cette découverte, notez vos ressentis vis-à-vis de ces résultats, puis tirez les conclusions de cette expérience.

La présence d'un élément est souvent là pour nous indiquer quelque chose à développer. Et même si cela nous tire hors de notre zone de confort, c'est heureux, car il serait dommage de s'enfermer dans ce que l'on pense être, quand, ultimement, il est question de devenir « Tout ».

Par exemple, si l'on se base sur le thème de l'un des auteurs, une classification de l'importance des éléments dans le thème peut être faite à travers le nombre d'individus recensés pour chacun. (Chaque personne est représentée par l'initiale de son prénom.)

•••

•••

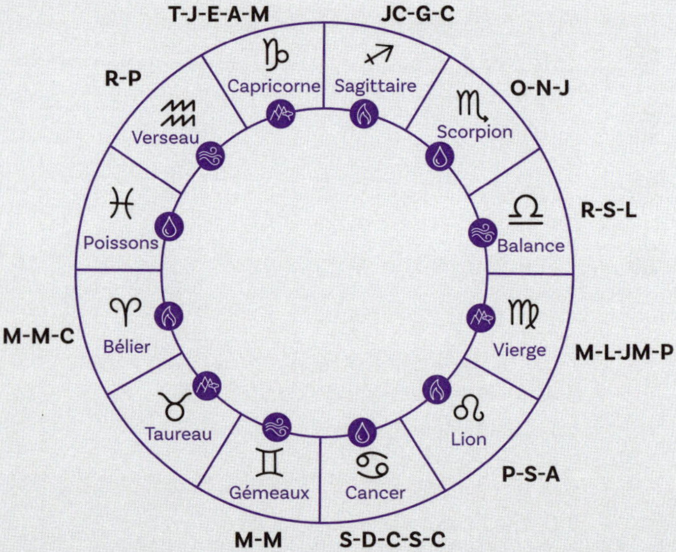

Ce qui donne :

	Terre	9
	Air	7
	Eau	8
	Feu	9

Dans ce cas de figure, nous pouvons constater que la répartition est relativement homogène. Ainsi, l'individu a puisé dans la totalité des quatre éléments pour se construire. Mais dans d'autres cas, et peut-être le vôtre, vous remarquerez la prédominance d'un élément par rapport aux autres. Cela vaudra le coup de réfléchir à deux fois à ce que vous ont apporté les personnes dont le Soleil était dans cet élément. Vous constaterez aussi que selon les périodes de la vie, tendances et besoins changent. À partir de là, l'environnement se modifie, et nous voyons apparaître de nouveaux éléments dans notre paysage.

Dans la roue zodiacale, l'opposé du Feu n'est pas l'Eau, mais l'Air. Cela est important à considérer, car dans l'imaginaire, l'opposé annule, ou combat. Or dans ce cas, et vous le savez si vous avez déjà dû allumer un feu, plus celui-ci a d'oxygène, plus il prend aisément son essor.

De même, le couple d'opposés Terre-Eau n'est pas conflictuel. L'Eau vient humidifier et donc nourrir la Terre, tandis que la Terre canalise l'Eau.

Bien sûr, un grand vent pourra éteindre une petite flamme, et trop d'eau inondera les cultures, mais dans l'ensemble, les éléments opposés se nourrissent et travaillent ensemble.

Ainsi, il peut être intéressant d'observer la roue zodiacale de votre entourage sous cet angle.

Quand vous verrez apparaître l'un de ces éléments dans votre tirage, appuyez-vous sur ses qualités naturelles. À ce moment-là, plus qu'un atout, il sera l'expression d'**un pouvoir à activer** : chaleur pour le Feu, fluidité pour l'Eau, solidité pour la Terre, et légèreté pour l'Air.

Il nous reste deux notions à aborder, et nous serons parés pour aborder l'oracle dans les meilleures conditions.

Les modes

Ils sont au nombre de trois et caractérisent chaque signe du Zodiaque.

Ces trois modes se suivent, et toujours dans cet ordre : Cardinal, Fixe, Mutable.

- Les **signes cardinaux** sont ceux qui débutent une saison (Bélier, Cancer, Balance et Capricorne).
- Les **signes fixes** se trouvent au milieu d'une saison (Taureau, Lion, Scorpion et Verseau).
- Les **signes mutables** terminent une saison (Gémeaux, Vierge, Sagittaire et Poissons).

Ainsi, chaque saison est découpée en trois parties égales où l'**on commence quelque chose (Cardinal), on le perfectionne (Fixe) jusqu'à le transformer (Mutable).** Ce qui amène à l'aube d'un nouveau commencement, prenant la forme du signe cardinal ouvrant la saison suivante.

Cardinal (C)

Commençons par **le mode Cardinal**, qui **concerne les signes des équinoxes et des solstices.** Nous retrouvons donc **le Bélier, le Cancer, la Balance et le Capricorne**. Ces signes ont en commun le désir d'activer, de commencer, d'initier, chacun dans leurs domaines respectifs et avec les nuances que proposent les éléments que nous avons vus plus haut. Ainsi, un désir d'activation de type Bélier-Feu sera en apparence plus dynamique qu'un désir de commencement Cancer-Eau. Mais ne nous y trompons pas, bien que ce ne soit pas dans le même domaine, c'est du même élan dont il sera question. Retenez surtout que ces quatre signes sont **générateurs d'idées, de projets, d'énergie.**

Fixe (F)

Vient ensuite **le mode Fixe** qui constitue **le Taureau, le Lion, le Scorpion et le Verseau**. En comparaison avec les signes cardinaux, ceux-là semblent apathiques, lents, hésitants. C'est surtout qu'ils sont occupés à se concentrer sur leur tâche, plutôt qu'en recherche du projet suivant. Ils cherchent à faire aboutir les idées, les projets, parfois jusqu'à l'obsession, et rechignent à débuter quelque chose de nouveau tant que la mission en cours n'a pas abouti. Il en ressort un certain conservatisme, et un potentiel attachement excessif à l'objet de leur attention. Qu'il soit objet ou individu. Ils sont toujours à la suite des signes cardinaux, et leur fonction est de sublimer-densifier l'énergie du signe précédent. Par exemple, le Taureau (Fixe) vient capter l'énergie débordante du Bélier (Cardinal) pour la stabiliser.

Mutable (M)

En présence des signes du mode Mutable, composant **les Gémeaux, la Vierge, le Sagittaire et les Poissons**, le mot-clé est **transformation**... ou évolution. L'immobilisme du mode Fixe leur est insupportable, et leur capacité à projeter le futur peut donner à leur entourage la désagréable impression qu'ils ont deux coups d'avance... en plus d'être arrogants ! Qu'il est dur d'être en avance sur son temps. Heureusement, ces tornades seront pondérées par la présence des modes Fixes, qui ne manqueront pas de croiser leur chemin.

Qu'il est bon de comprendre ce rythme naturel au point de se laisser porter par lui.

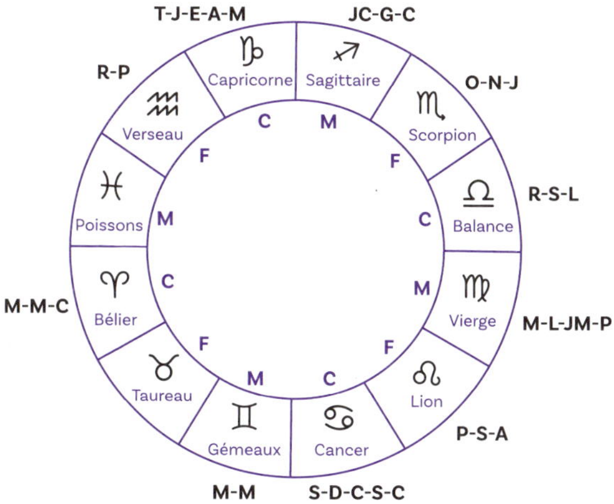

À nouveau, dans votre thème, vous pouvez comptabiliser la répartition des trois modes et en tirer les conclusions qui s'imposent.

Pour le thème de l'un des auteurs, il s'agit de :

C	16
F	8
M	9

Dans le thème d'exemple, nous voyons que les signes fixes (8) sont en retrait et que les signes cardinaux caracolent en tête (16). Nous pouvons en conclure que cette personne recherche majoritairement des individus capables de lui mettre le pied à l'étrier. Rien d'étonnant, son propriétaire n'aime rien tant que commencer ou transformer des choses… Dans l'autre sens, le détenteur de ce thème peut paraître instable aux yeux de ces forces tranquilles que sont les signes fixes.

Les maisons

Enfin, la dernière notion phare de l'astrologie : les maisons.

Le Zodiaque n'est pas seulement divisé en 12 signes, il l'est aussi en 12 secteurs, appelés « maisons ». Ces secteurs décrivent des domaines spécifiques de nos vies et aident à travailler l'ancrage. Le fameux « ici et maintenant » s'incarne de façon privilégiée à travers les détails et les événements du quotidien pointés par le système des maisons. En leur prêtant attention, nous aiguisons notre esprit, qui sera amené à porter le regard là où se trouve la nécessité. Les maisons, précieuses alliées, ne vous décevront pas.

Voici un premier aperçu des douze maisons, associées aux secteurs de vie qu'elles gouvernent, vous les retrouverez détaillées dans l'oracle.

MAISON	Mots-clés
Maison I	Personnalité, apparence (**ascendant**)
Maison II	Biens, physique, finances
Maison III	Frères et sœurs, études concrètes, élèves
Maison IV	Foyer, intimité
Maison V	Cœur, enfants, créativité, plaisirs, jeux
Maison VI	Quotidien, santé, travail
Maison VII	Partenaires, contrats, les autres (alliés ou adversaires)
Maison VIII	Inconscient, héritages, pulsion de vie, pulsion de mort, l'occulte
Maison IX	Philosophie, études abstraites, voyages, enseignant
Maison X	Carrière, vocation, vie publique
Maison XI	Amis, projets, collectifs
Maison XII	Épreuves, secrets, gestation, expériences mystiques

EN RÉSUMÉ

Il y a donc des signes, des planètes, des angles entre elles, des éléments, des modes, des maisons et des qualités à acquérir... Il est l'heure de mettre en pratique tout cela !

Troisième partie

L'Oracle du ZODIAQUE adapté pour vous, amis Gémeaux

MATÉRIEL NÉCESSAIRE

- Vos 24 cartes.
- Le journal de tirage présent en fin d'ouvrage.
- De quoi écrire (stylo…).
- Ce livre.

Présentation

Vous avez entre les mains un **oracle comportemental**, adapté à votre signe solaire. Cet outil repose sur deux variables :

1. **le secteur de votre vie auquel vous devez prêter attention**, déterminé par une carte « Maison ». Soit douze possibilités ; par exemple : Maison II (vos biens), Maison VI (le travail) ou Maison XI (les amis) ;
2. **le type d'énergie à déployer**, déterminé par une des douze cartes « signes du Zodiaque ». Soit douze possibilités ; par exemple : Bélier, Gémeaux ou Capricorne.

L'oracle propose ensuite une association de ces deux éléments, ce qui donne 144 possibilités. Donc **144 conseils** (12 x 12) qui seront autant de pistes concrètes pour enrichir vos qualités naturelles et faire évoluer votre quotidien au mieux.

À partir de là, il sera bon de mobiliser votre attention afin de comprendre **pourquoi** l'oracle met l'accent sur tel secteur de votre vie ; par exemple : Maison VII (votre partenaire actuel).

Une fois cela fait, vous n'aurez plus qu'à mettre en œuvre la stratégie d'attitude proposée par le signe Zodiacal que vous avez sélectionné.

Concernant la durée de validité de votre tirage, vous pourrez à loisir interroger l'oracle pour une journée, ou pour une période plus longue. Mais nous vous conseillons vivement de définir « intérieurement » cette période avec précision.

Dans un premier temps, nous vous conseillons d'utiliser l'oracle uniquement de cette façon, en posant deux simples questions : **« Quel secteur de ma vie va être particulièrement activé aujourd'hui ? »** et **« Quelle énergie dois-je mettre en œuvre dans ce secteur pour que ma journée se déroule au mieux ? »**

Puis, lorsque vous serez familiarisé avec votre oracle, vous pourrez prendre plus de liberté et lui poser des questions plus précises (par exemple, l'interroger pour savoir quelle attitude vous devriez adopter pour mener à bien tel projet). Une liste de questions vous est proposée en page 124 pour vous guider si vous êtes en manque d'inspiration.

Un dernier conseil : prenez le temps de faire connaissance avec votre oracle. Apprivoisez-vous mutuellement. Au fil de votre utilisation, une réelle connivence s'installera et cet outil deviendra un véritable compagnon de route.

Mode d'emploi

1. Tout d'abord, posez-vous intérieurement cette question simple : « **Quel secteur de ma vie va être particulièrement activé aujourd'hui ?** »
2. Mélangez vos cartes « maisons », placez-les face contre table, puis choisissez-en une.
3. Consultez le résultat de ce premier tirage et notez-le (dans votre journal de tirage en fin d'ouvrage).
4. Posez ensuite la question : « **Quelle énergie dois-je mettre en œuvre dans ce secteur pour que ma journée se déroule au mieux ?** »
5. Mélangez vos cartes « Signes astrologiques », placez-les face contre table, puis choisissez-en une.
6. Consultez le résultat de ce second tirage et notez-le également.

7 À partir de là, il vous faudra être attentif aux ambiances et événements qui surviendront, et quand vous reconnaîtrez la « maison », alors il vous faudra trouver le moyen de mettre en œuvre ce que propose le « Signe » que vous avez tiré.

8 En fin de journée, notez vos impressions et ce que vous aurez observé.

Parfois, cela se jouera sur des détails, et ce n'est qu'à la fin de la journée que vous vous direz : « Bon sang, mais c'est bien sûr, c'était ça ! » Il faut accepter ce côté ludique, et accepter aussi de ne pas tout voir du premier coup. Votre esprit doit se familiariser avec cette façon de voir le monde, et comme dans tout ce qui est du domaine de l'esprit, il ne faut rien forcer.

Quelques fois, au contraire, le conseil sera évident, tel du bon sens.

Un exemple : Gémeaux en maison XI = appeler (Gémeaux) des amis (maison XI). Inutile de chercher midi à quatorze heures : vous recevrez sûrement des appels, même si rien ne vous empêche de prendre des nouvelles de votre côté.

Il y aura aussi des journées moins mouvementées, c'est comme ça. Avec la maison VI par exemple, les événements pourront juste prendre l'apparence d'un peu de ménage ou de sport.

D'autres fois, vous reconnaîtrez les ambiances décrites par la « maison » et le « Signe », mais il n'y aura pas grand-chose à faire, si ce n'est constater. Cela peut par exemple arriver avec les Poissons, là où justement, ce qu'il y a à voir, c'est qu'il est difficile de percevoir la situation telle qu'elle est.

Dans tous les cas, il y a fort à parier que **l'oracle vous surprendra plus d'une fois dans sa capacité à détecter le secteur de votre vie où quelque chose se passe, ainsi que dans la pertinence de la stratégie qu'il vous proposera de mettre en œuvre**.

INTERPRÉTATION DE L'ORACLE

Première étape :

LES MAISONS ASTROLOGIQUES

Dans un premier temps, il vous faut aller chercher les informations relatives à la carte « maison » que vous sélectionnez, dans un des douze paragraphes qui suivent.

UN POINT SUR L'ASCENDANT

L'ascendant est la seconde clé de compréhension du thème astral, juste après le Soleil. Il décrit notre manière de nous comporter en société. En conséquence, il est aussi le biais par lequel les autres nous perçoivent. On décèlera l'ascendant, tant au travers de l'attitude adoptée, que dans l'apparence physique de la personne.

Il vient aussi souligner les valeurs que le natif sera amené à intégrer tout au long de sa vie. Elles enrichiront sa personnalité et l'aideront à mûrir. Par exemple, un ascendant Bélier sera invité à construire sa personnalité, et à faire ses propres choix, en toute autonomie. Tandis qu'un ascendant Balance assimilera un jour ou l'autre la nécessité de prendre en compte l'autre, voire de faire équipe avec lui.

Sens des maisons astrologiques

MAISON I

Si cette maison intervient dans votre tirage, le message est clair : il faut vous occuper de vous et prêter attention aux choses nouvelles qui pourraient vous être proposées.

Ce secteur est aussi appelé la maison de **l'ascendant**. Sa célébrité vient du fait qu'il représente - entre autres - la personnalité.

Mots-clés : la personnalité ◊ la tête ◊ l'entrée de la demeure ◊ le désir et la confiance en soi ◊ le Moi ◊ l'apparence physique ◊ la volonté ◊ l'initiative

MAISON II

Ici, on cherche à se sécuriser par tous les moyens à notre disposition. Tout ce qui pourra nous confirmer que ce monde est tangible, soit par l'usage de nos sens soit par le contrôle de nos biens et finances est relatif à cette maison. Si elle est sélectionnée, portez votre attention vers des problématiques concrètes, c'est par là que ça se passe.

Mots-clés : la sécurité matérielle ◊ le cou et la gorge ◊ les finances ◊ le concret ◊ la cuisine ◊ la voix ◊ la sensualité ◊ les sens

MAISON III

Dans ce secteur, nous sommes un étudiant qui approfondit plusieurs matières en une journée. Nous recherchons la diversité, la communication et tout ce qui peut nous mettre en lien avec notre environnement direct. Quand cette maison est présente, il est courant de recevoir des messages, courriers, et de se déplacer plus qu'à l'accoutumée.

Mots-clés : les proches ◊ les voisins ◊ la fratrie ◊ les études concrètes ◊ les facultés intellectuelles ◊ les bras et les mains ◊ les écrits, les livres et la communication ◊ les petits déplacements ◊ la bibliothèque ◊ le commerce ◊ les ordinateurs et téléphones

MAISON IV

Qu'elles soient extérieures ou intérieures, dans cette maison, nos racines sont sollicitées. Le plus souvent, cela prend la forme d'un temps de repli, dans notre cocon ou un lieu qui évoque pour nous le confort et l'intime. Une certaine forme de bien-être doit être recherchée afin que puisse se déployer notre inspiration. Attention toutefois, le retour au bercail n'est pas toujours de tout repos.

Mots-clés : les racines ancestrales ◊ la famille ◊ l'intimité ◊ le confort ◊ les parents ◊ le sein maternel ◊ la cheminée ◊ la solution des problèmes ◊ la fin des choses ◊ les secrets familiaux ◊ le foyer

MAISON V

Secteur de l'Amour et du cœur, dans cette maison règne le jeu sous toutes ses formes. Parfois amoureux, d'autres fois spéculatif ou artistique... Quel que soit le canal, il servira à exprimer notre créativité. Dans notre tirage, il met l'accent sur nos désirs, plaisirs, talents. Il y a quelque chose à créer, ne serait-ce que de la joie.

Mots-clés : la créativité et la procréativité ✧ le cœur ✧ les enfants ✧ l'amour ✧ les jeux ✧ la salle à manger ✧ les vêtements ✧ l'art

MAISON VI

Nous voilà dans la demeure de l'expérimentation. Toute d'action, de répétition, de mesure et de précision vêtue, la maison VI est le royaume des réparateurs en tous genres, du médecin au thérapeute en passant par le garagiste. Quand elle se manifeste dans le tirage, elle peut signifier qu'il y a quelque chose à voir du côté de la santé, de l'hygiène ou du travail quotidien.

Mots-clés : Le travail quotidien ✧ les animaux de compagnie ✧ l'alimentation ✧ l'hygiène ✧ le sport ✧ la santé ✧ les lieux où l'on répare ◊ le savoir-faire ◊ les méthodes ◊ les rangements et classements ◊ les contraintes ◊ les services

MAISON VII

Dans ce secteur, c'est souvent une personne en particulier qui retient notre attention. Un partenaire, un associé, un client ou concurrent, notre conjoint, mais peut-être aussi un adversaire. Bref, c'est l'Autre avec un grand A. Il pourra être question du devenir d'une relation, d'un contrat, d'un engagement. Quand cette maison se manifeste, la question est : que fais-je avec l'autre ? Notre relation est-elle équilibrée ? À quoi dois-je être attentif pour lui… et moi ? (Nous précisons car, même là, il n'est jamais bon de s'oublier, ce serait le meilleur moyen de sombrer dans un disgracieux rapport dominant-dominé.)

Mots-clés : l'autre ◊ les contrats ◊ les partenaires et collaborateurs ◊ les clients ◊ le conjoint ◊ l'adversaire ◊ ce qui est en face de soi ◊ le mariage

MAISON VIII

Cette configuration concerne souvent ce qui est caché. Nous y retrouvons la recherche de l'intime, la sexualité (cette fois-ci, plus en lien avec le pouvoir), la fusion, et parfois même le non-dit et le secret. Tout ce qui est de l'ordre de la psychologie, de l'occulte, du magique sans oublier la mort, peut se trouver ici. La manipulation et la recherche du coupable seront aussi de la partie. Cependant, pas de panique, dans un tirage, cette maison invite le plus souvent à tourner son regard vers l'intérieur, et à prendre le temps de découvrir les richesses que recèlent nos zones d'ombre.

Mots-clés : les peurs ✧ l'héritage ✧ la sexualité ✧ les pulsions ✧ le rapport à la mort ✧ l'inconscient ✧ la psychologie ✧ les non-dits ✧ l'occulte ✧ le magique ✧ la passion ✧ les fantasmes ✧ les tabous ✧ les traumatismes

MAISON IX

Dans cette zone, nous rencontrons nos systèmes de valeurs, qu'ils soient principes, croyances ou préjugés. C'est le lieu de l'enseignement, des études supérieures et de tout ce qui sera en lien avec la philosophie, la religion et plus largement la sagesse. Le rapport avec l'enseignant ou le guide sera aussi concerné. Traditionnellement, cette maison concerne également les voyages, la quête de nouveaux espaces. Mais cela peut tout à fait se transposer en quête personnelle et intérieure.

Mots-clés : les étrangers ✧ les enseignants et les lieux de transmission ✧ la philosophie ✧ la religion ✧ les grands voyages (à l'étranger ou intérieurs)

MAISON X

Nous voici dans le secteur de la carrière. Cela recouvre aussi bien les diplômes et la reconnaissance que les responsabilités et l'ambition. Nous cherchons à nous élever grâce à nos compétences, et nous faisons montre d'une certaine autorité. Dans un tirage, cette maison nous invite à œuvrer dans le domaine où, grâce à notre expertise, nous nous épanouissons. Par ailleurs, elle mentionne nos parents, qui peuvent, sous une forme ou une autre, se manifester pendant cette période.

Mots-clés : la réalisation ✧ la vocation ✧ la visibilité ✧ le zénith ✧ ce qui est en haut ✧ la montagne

MAISON XI

Ce secteur fait le plus souvent référence aux amis ainsi qu'aux groupes et associations dans lesquels nous nous investissons. C'est aussi le lieu de l'humanisme, de la politique, et de la liberté… Sans contrainte, et parfois hors convention. Les secteurs de la recherche et de l'innovation sont également concernés. Dans un tirage, cette maison questionne notre place dans le groupe…

Et la posture à adopter au sein de celui-ci sera indiquée par le signe zodiacal sélectionné.

Mots-clés : les amis ◊ les projets ◊ les causes humanitaires ◊ les lieux atypiques où l'on innove ◊ l'universalisme ◊ la politique ◊ les conseils

MAISON XII

Ce secteur synthétise toutes les expériences accumulées dans les maisons précédentes. C'est un temps intermédiaire, qui propose une forme de retrait afin de dégager tous les enseignements du cycle écoulé. Pendant cette période, il n'y a plus de calcul. Profitons-en pour lâcher la petite calculatrice que nous avons dans la tête et offrons sans compter notre disponibilité à ceux qui pourraient en avoir besoin. Si vous le pouvez, partez au vert ou dans des lieux qui se prêtent à la contemplation ou au bénévolat.

Mots-clés : les choses invisibles ◊ les épreuves ◊ les hôpitaux ◊ les prisons ◊ les monastères ◊ la fin de cycle ◊ la dissolution ◊ l'absolu ◊ les périodes de retraite ◊ les expériences mystiques ◊ le bénévolat

Deuxième étape :

LES SIGNES ASTROLOGIQUES

interprétation des résultats

Comme vous avez pu le constater, un signe du Zodiaque correspond au résultat de vos tirages. Voici comment les interpréter.

Déployez l'énergie du **BÉLIER**

Sur l'horizon se lève mon ardeur indomptée ;
Champion ourlé de flammes, je m'apprête à jouter.

♈

DEVISE : J'AGIS

- Actions suggérées : entreprendre ♦ s'affirmer ♦ affronter
- Tempérament induit : impétueux ♦ exalté ♦ spontané ♦ enthousiaste
- Sans tomber dans les travers suivants : brutal ♦ instable ♦ chaotique ♦ agressif
- Un temps pour : entreprendre

- **Aspect de sextile (60°) : Gémeaux-Bélier : enrichissement mutuel ; complémentarité.**
- Énergie naturellement présente du 20 mars au 20 avril.

La dynamique du Bélier est celle de l'affirmation de soi. Il est celui qui commence. Ce premier pas s'inscrit dans l'action, dans l'ici et maintenant. Son Feu Cardinal génère une étincelle, source de chaleur et de vitalité… L'opportunité d'un nouveau brasier. N'hésitez pas à utiliser ce courant porteur pour poser la première pierre d'un projet qui vous trotte dans la tête depuis longtemps.

En parlant de tête, ça va carburer pendant cette période. L'Air et le Feu font bon ménage. Si le Bélier sème une idée, les Gémeaux s'empresseront de la faire croître. Il n'est pas temps de réfréner votre curiosité naturelle. Suivez vos intuitions, écoutez vos envies, sans oublier de prêter attention à celles de votre entourage.

Joutes verbales et discussions seront sûrement de la partie, essayez de prendre un temps après chaque échange pour évaluer ce qu'il serait bon d'en retirer.

Dans tous les cas, ces deux-là ont le goût du jeu en commun, et c'est une excellente base pour cheminer. Au travers de cette énergie, les Gémeaux trouvent des amis, des encouragements et de l'enthousiasme. Bref, de la matière pour exercer leur talent naturel : faire du lien !

La situation est printanière, l'ambiance est à la légèreté, et il faut en profiter, vous verrez que de nouvelles opportunités peuvent apparaître sans qu'il y ait trop à forcer.

✷ Un temps pour entreprendre. Vous serez un véritable déclencheur. Vous aurez beaucoup d'énergie à votre disposition, c'est le *timing* parfait pour commencer quelque chose avec fougue et enthousiasme. Ne réfléchissez pas trop, il n'est pas temps d'être ordonné, mais plutôt de vous connecter au Feu primordial, parfois explosif, du Bélier. Pour favoriser cet élan, n'hésitez pas à faire appel à des objets ou vêtements qui évoquent pour vous le dynamisme. Osez-vous exprimer. Proposez, initiez ! Affirmez-vous, quitte à surprendre vos proches.

Cependant, attention ! L'inconvénient de cette spontanéité est la tendance à foncer bille en tête. Emporté par cette fougue, vous pourriez promettre plus que vous ne pouvez réaliser…

Autre mise en garde : avec le Bélier dans les parages, il y a parfois de l'orage. Vous n'êtes pas querelleur, mais assurez-vous que votre humour de lutin légendaire, un poil cynique, ne croise pas un grincheux. Les gens sont si susceptibles parfois…

♈

Déployez l'énergie du **TAUREAU**

Puissance exhale de mes naseaux fumants,
À chacun de mes pas, volupté
des fleurs naissantes.

♉

DEVISE : JE POSSÈDE

- Actions suggérées : persévérer ✧ savourer ✧ accumuler ✧ parler
- Tempérament induit : sensuel ✧ gourmand ✧ paisible
- Sans tomber dans les travers suivants : têtu ✧ apathique ✧ jaloux
- Un temps pour : consolider les bases

✷ **Aspect de semi-sextile (30°) : Gémeaux-Taureau : émergence ; aspect facilitateur.**

✷ Énergie naturellement présente du 21 avril au 21 mai.

La présence de la Terre fixe du Taureau va mettre du plomb dans l'aile à la légèreté proverbiale des Gémeaux. Pour résumer la période, alors que, plein d'allant, vous proposez à votre ami une randonnée, ce dernier, en vous tendant une tarte aux pommes, vous répondra gentiment : tu aimes le Scrabble ? Cette configuration Terre-Air a pour fonction de vous ancrer dans la matière. Ne vous alarmez pas des ralentissements, ils seront l'occasion de prendre du temps, pour vous, pour ceux que vous aimez, pour vous reposer. Dans cette plaine fertile et paisible qu'est le royaume du Taureau se cache une précieuse opportunité : découvrir que tout est déjà là, et qu'il ne sert à rien de courir en tous sens, si nous sommes incapables d'apprécier ce qui est juste devant nous. En chaque chose, réside entièrement l'Univers. Ce gâteau n'a-t-il pas un petit goût de Soleil, de pluie et de Lune ? Appréciez ce qui vous est donné.

Naturellement dirigé vers la matière, vous serez sûrement traversé par des réflexions allant des notions de propriété, de gain, jusqu'à celles des attachements relationnels. Peut-être que cela vous rebute, mais pour une fois, ne fuyez pas ces questions. Tout marin a son port d'attache.

✷ **Un temps pour consolider les bases. Vous expérimentez la Terre paisible du Taureau. C'est le moment idéal pour accepter avec philosophie une phase de ralentissement… que vous pourrez mettre à profit**

pour consolider vos acquis. Parlez peu, mais avec confiance et aplomb. Retroussez vos manches, et sans vous presser, passez de la théorie à la pratique. Des mille idées que vous avez en tête, choisissez-en une, et commencez à en poser les fondations. Et si aucune ne vous vient, profitez donc de cette énergie qui pourrait se résumer à « luxe, calme et volupté ».

Vivre le Taureau est d'abord une perception physique. Veillez à garder les pieds ancrés au sol, car votre énergie, plus dense que d'habitude, viendra directement de là. Amusez-vous à marcher lentement, et n'hésitez pas à vous visualiser sous la forme du divin bovin. Prenez toute votre place en évoluant dans l'espace avec puissance et aura. L'ambiance est concrète, l'esprit se stabilise et s'engage dans la voie d'une construction positive, bienveillante et empreinte de simplicité.

Prudence sur un point : le Taureau a ses petites habitudes… Parmi lesquelles un très vigoureux instinct de propriété. De là, une forme de possessivité peut s'exprimer… Et la jalousie n'est jamais loin !

Déployez l'énergie des **GÉMEAUX**

(que vous connaissez bien !)

Nous, riants frères aux mains mêlées ;
L'esprit aligné sur le cœur.

♊

DEVISE : JE PENSE

- Actions suggérées : élaborer ✧ créer des liens ✧ découvrir
- Tempérament induit : curieux ✧ social ✧ facétieux
- Sans tomber dans les travers suivants : superficiel ✧ dispersé ✧ nerveux
- Un temps pour : communiquer

✳ **Aspect de conjonction (0°) : Gémeaux-Gémeaux : fusion.**

✳ Énergie naturellement présente du 22 mai au 22 juin.

Ici plane l'esprit facétieux de Mercure, maître des Gémeaux. Si vous désirez attirer ses faveurs, aidez les voyageurs, soyez compréhensif envers les voleurs, et nourrissez des oiseaux. Et si votre baluchon est lourd à porter, profitez de ce retour à vos sources pour vous en délester. Prenez la vie comme un jeu, mais n'oubliez pas qu'on ne peut pas toujours gagner. Recherchez le lien, mais rappelez-vous que tout change, tout se transforme. Que l'ami d'aujourd'hui sera peut-être l'ennemi de demain, et qu'il y a une raison cachée derrière chaque masque que nous présente la vie.

En un mot, soyez vous-même ! Facile à dire, mais pas si facile à incarner. Quelques pistes... Cela demande de s'écouter. Aller au-delà de l'inculqué, du conditionnement... Pour enfin, libre de culpabilité, libre de la peur de décevoir, oser être ce que vous êtes. Ne sous-estimez pas votre capacité à faire des liens, à créer des relations. Poussé à l'extrême, c'est plus qu'un talent, c'est un pouvoir. Une porte sur ce que les bouddhistes nomment l'interdépendance des phénomènes... En d'autres termes : choyez votre capacité à percevoir que tout est lié. Qui le réalise s'est éveillé. Votre force est dans votre légèreté. Car s'il faut de l'attention pour percevoir l'esprit des choses, paradoxalement, celle-ci doit être aussi légère qu'une plume.

Sur le plan mental, prêtez attention à vos pensées, sans les juger. Laissez Mercure tisser sa trame créative, il vous montre ainsi des chemins intérieurs habituellement masqués...

L'expérience des Gémeaux est celle de l'élaboration des pensées et des concepts. Concrètement, elle invite à entrer en contact avec les autres tout en s'adaptant à eux. Mais attention : adaptation ne doit pas rimer avec fusion.

✴ **Un temps pour communiquer. Mercure vous prend sous son aile. Il est probable que vous deviez mener de front plusieurs missions, sans pour autant avoir le temps de les conduire à terme. Mais peu importe votre apparente dispersion, l'heure est au développement de l'adaptabilité, de la curiosité… Sans oublier la capacité à faire des liens.**

Soyez réactif et allez à la rencontre des personnes qui vous entourent, voisins, cousins… dévorez les articles ou les livres que vous avez en retard ; découvrez de nouvelles disciplines, de nouvelles connaissances, même si cela vous demande de faire quelques kilomètres en voiture. Dans tous les cas, de petits trajets sont à prévoir.

Pendant cette phase, il est possible que vous contactiez votre part adolescente, ou qu'elle se manifeste à travers des interactions avec des personnes plus jeunes que vous. À ce moment-là, soyez à l'écoute, de bonnes idées peuvent en découler.

Cette expérience plutôt cérébrale peut être accompagnée d'une certaine fébrilité.

S'incarner dans les Gémeaux est l'occasion d'apprendre à mettre du jeu dans le quotidien. Grande leçon du Vif-argent !

Déployez l'énergie du **CANCER**

Au reflux de mes vertiges, l'eau bruissante ;
Toujours moi-même... Mais qui suis-je ?

DEVISE : JE RESSENS

- Actions suggérées : imaginer ✧ ressentir ✧ materner
- Tempérament induit : intuitif ✧ sensible ✧ créatif
- Sans tomber dans les travers suivants : lunatique ✧ manipulateur ✧ susceptible
- Un temps pour : ressentir

✴ **Aspect de semi-sextile (30°) : Gémeaux-Cancer : émergence ; aspect facilitateur.**

✴ Énergie naturellement présente du 23 juin au 22 juillet.

Dans un premier temps, l'Eau du Cancer, pourtant cardinale, peut refroidir l'élan des Gémeaux. Une forme d'anxiété semble flotter dans l'atmosphère… Tandis que l'Air n'aspire qu'à aller et venir, à chaque goutte, l'Eau n'a de cesse de lui répéter *toujours plus bas, toujours plus profond*. Alors, puisque nous sommes dans l'aquarium, prenons nos palmes et notre tuba, et descendons. Tiens, des algues… Ouh, que c'est sérieux par ici ! On cherche à être quelqu'un, à réaliser quelque chose… Et si nous n'y arrivions pas ? Ah l'échec, voilà qui mettrait à mal notre image, si fragile… Ici, on cherche à créer, à matérialiser… une idée, un projet… et tout est incertain, ou du moins vécu comme tel. Et nous prenons notre « mission » tellement à cœur que notre espace intérieur se contracte. Et si elle venait de là cette omniprésente angoisse ? En tant que troubadour céleste, vous aurez peut-être la lourde tâche d'insuffler un peu de légèreté dans tout cela. Et une fois traversée cette vallée d'incertitudes, vous accéderez au trésor que recèle le Cancer : l'enfance, la joie, et les rêveries. L'occasion de se laisser bercer par les images primitives[4], qu'elles soient enchanteresses ou terrifiantes.

✷ Un temps pour ressentir. Il est possible lors de cette phase Cancer que vous soyez sollicité, homme ou femme, dans votre facette maternante. Vous pourrez

4. Souvenirs des perceptions fantasmagoriques propres aux enfants : imaginer des géants, redouter le monstre tapi sous le lit, s'émerveiller d'une femme que l'on pare en esprit des atours de la fée.

expérimenter, quelle que soit la situation, votre faculté à rassurer et à chérir. La Lune, archétype féminin, est la maîtresse de ce signe, peut-être allez-vous aussi par votre allure et vos gestes exsuder une pure féminité. Les hommes seront reliés à leur part féminine, et manifesteront une sensibilité à fleur de peau.

Lors de cette phase, nous vous invitons à vous relier à votre enfant intérieur. Conviez-le dans votre quotidien, dans votre environnement, que ressent-il en mettant ses pas dans ceux de l'homme ou de la femme que vous êtes aujourd'hui ? Quel message a-t-il à vous transmettre ? Qu'aurait-il pensé de cette situation qui vous touche peut-être actuellement ?

Et pendant que vous y êtes, profitez-en pour vous amuser, créer, et finir la journée avec de la peinture plein les doigts… Peu importe la forme que prendra votre créativité aujourd'hui, donnez-lui les moyens de s'exprimer. Ce qui en résultera pourrait bien vous enchanter.

♋

Déployez l'énergie du **LION**

Soleil triomphant ;
La vie me fait cortège.
Que je rugisse,
Et tout se désagrège.

♌

DEVISE : JE RAYONNE

- Actions suggérées : rayonner ◊ gouverner ◊ aimer
- Tempérament induit : chaleureux ◊ leader ◊ confiant ◊ généreux
- Sans tomber dans les travers suivants : orgueilleux ◊ tyrannique ◊ fainéant
- Un temps pour : rayonner

- **Aspect de sextile (60°) : Gémeaux-Lion : enrichissement mutuel ; complémentarité.**
- Énergie naturellement présente du 23 juillet au 22 août.

Ces deux-là savent reconnaître une belle opportunité lorsqu'elle se présente. À la différence que les Gémeaux l'empocheront prestement, *comme si de rien n'était*, tandis que le Lion s'octroiera avec empire ce que nul n'oserait lui contester.

Gare au duo, il est redoutable ! Votre esprit mercurien, vif comme l'éclair, trouve dans le Lion une aura d'assurance et d'autorité. Vos mots, habituellement légers comme une bulle, auront cette fois-ci davantage de poids. Dès lors, votre verve n'aura plus pour seul effet de séduire ou de feinter votre entourage, mais bien de le rallier à votre bannière.

Cet aspect est une excellente base pour obtenir plus de responsabilités. Et dans le même temps, le Feu fixe du Lion invite au repos, au ressourcement et à l'établissement en soi-même (n'oublions pas que le roi des animaux dort vingt heures par jour). Pendant cette phase, il n'est pas tant question de créer des liens que de nourrir ce qui est là. Momentanément, quittez les habits du troubadour, et acceptez la couronne. Oui, vous voilà roi ou reine en votre palais. Peut-être serez-vous sérieusement sollicité pour votre avis, et votre compagnie sera recherchée pour le réconfort qu'elle peut apporter.

✷ **Un temps pour rayonner. Vous serez sur le devant de la scène, tel le souverain brillant de mille feux. Mais notez bien qu'un roi l'est par nature. Alors soyez sobre dans votre allure, comptez sur l'autorité et la** légitimité naturelle du félin pour en imposer. À ce sujet, n'hésitez pas à vous inspirer des chats qui vous entourent, ils sont d'excellents maîtres dans l'art de régner avec classe et sobriété. Soignez votre port de tête, il doit être altier mais détendu. Privilégiez les matières nobles, plutôt que les effets m'as-tu-vu. Vous devez inspirer le respect de fait, en évitant l'écueil de la surenchère. Lorsque vous vous exprimerez, pensez à faire des pauses avant de prendre la parole, afin que votre auditoire soit tout ouïe. De même, placez-vous au centre du groupe auquel vous vous adressez. Le Lion incite à rendre visible et à faire rayonner ses richesses intérieures. Il conscientise, puis affirme son individualité.

Vivre le Lion est une aubaine pour rassembler autour de vous, autour d'une valeur qui vous porte, d'un idéal. Dans cet exercice, vous serez charismatique et chaleureux comme le Soleil. En parallèle, vous aurez certainement l'opportunité de réaliser un geste généreux à l'égard d'une personne ou d'une cause. Une certaine prodigalité sera à l'œuvre, pour autant, évitez de vider les caisses du royaume.

Tout au long de cette journée, nous vous proposons de vous connecter à votre cœur, organe Lion par excellence. Reliez-vous à lui. Il est votre centre, ressentez sa vie intérieure. Visualisez que chacune de vos paroles et de vos actions part directement de lui. Au fil de cette expérience, votre cœur et votre créativité seront vos guides. Soyez vous-même de façon pleinement assumée, vous pouvez être fier de ce que vous êtes, car l'astre du jour n'a pas vocation à se cacher !

Si parfois vous n'êtes pas caressé dans le sens du poil, prenez garde à ne pas trop vite sortir les griffes. Et dans vos paroles, évitez les rugissements... Ce sont deux tendances très Lion.

Déployez l'énergie de la **VIERGE**

Je sers, je sème, je moissonne ;
Ô joie,
Toute graine aimée donne nourriture
aux hommes.

♍

DEVISE : JE SERS

- Actions suggérées : ordonner ✧ analyser ✧ optimiser
- Tempérament induit : laborieux ✧ perfectionniste ✧ dévoué
- Sans tomber dans les travers suivants : maniaque ✧ rigide ✧ ruminateur
- Un temps pour : perfectionner

✳ **Aspect de carré (90°) : Sagittaire-Vierge : dynamique ; tension ; progression.**

✳ Énergie naturellement présente du 23 août au 22 septembre.

La Vierge a deux points en commun avec les Gémeaux. C'est un signe mutable et il est, lui aussi, sous la maîtrise de Mercure. Ce signe est en quelque sorte le frère du vôtre. C'est donc l'occasion de découvrir l'autre facette de votre patron céleste. Et comme vous allez le voir, cette facette est pragmatique, et terrestre.

Cette énergie vous pousse à agir dans le monde de façon mesurable. Quelle que soit la tâche, la dynamique Vierge incite à s'y dévouer corps et biens, avec précision. Son souci de perfectibilité demandera aux Gémeaux de donner le meilleur d'eux-mêmes, avec dévouement et méthode. Dans sa boîte à outils, la Vierge possède l'humilité et l'autocritique, ces aptitudes sont un moteur de la transformation de soi. Cette configuration Terre-Air vient vous rappeler que la finalité de toute idée est de trouver une application concrète. Alors, certes, l'ambiance sera moins légère qu'à l'accoutumée, mais c'est pour la bonne cause. *Via* leur mutabilité commune, il est évident pour chacun qu'il faut faire évoluer les choses. Quand les Gémeaux donnent naissance aux idées, la Vierge les ordonne, les trie, les analyse, les mesure, tel un implacable filtre... dans le but de les optimiser. Ne survivra que ce qui est estimé utile. Duo de choc !

Plus prosaïquement, les journées où l'on fait le ménage, où l'on va déposer la voiture chez le garagiste, sans oublier d'amener le petit dernier chez le médecin pour son otite, sont souvent sous l'égide de la Vierge.

✷ Un temps pour mettre de l'ordre. Grâce à Cérès, déesse des récoltes, vous aurez une extraordinaire capacité à trier puis classer toutes les informations dont vous êtes le récepteur. Vous serez plutôt discret, petite main silencieuse et laborieuse, et cela vous permettra d'être efficace et très précis dans votre travail. Votre capacité d'analyse balayera tel un sonar les personnes et événements qui surviendront. Et vous serez invité à développer votre aptitude à l'autoanalyse.

Très important en ce jour, connectez-vous à la notion de service. Si une question devait résumer la Vierge, ce serait : À quoi je sers ? Dans quoi j'investis mon énergie, avec quelles conséquences pour mon entourage ? Ce questionnement explique aussi les courantes remises en question qu'expérimente ce signe, qui cherche avant tout à améliorer les choses et les processus.

Attention, l'analyse attirant souvent le regard vers ce qui dysfonctionne, une tendance à la critique ou la dévalorisation peut survenir. Si jamais vous détectez ce travers, n'oubliez pas : « *Ton cœur t'accuse, mais l'Univers est plus grand que ton cœur*[5]. »

5. Variation sur 1. Jean, 3:20. Bible.

Déployez l'énergie de la **BALANCE**

De Toi et de Moi naîtra l'Harmonie parfaite ;
Dans le chœur céleste, chacun joue sa partition.

♎

DEVISE : J'ÉQUILIBRE

- Actions suggérées : concilier ◆ équilibrer ◆ séduire
- Tempérament induit : diplomate ◆ rectitude ◆ artiste
- Sans tomber dans les travers suivants : indécis ◆ mondain ◆ manipulateur
- Un temps pour : concilier

- **Aspect de trigone (120°) : Gémeaux-Balance : coopération ; harmonie ; aide.**
- Énergie naturellement présente du 23 septembre au 22 octobre.

Il faut bien reconnaître que vous avoir tous deux à souper garantit un agréable badinage. Chacun rebondit sur les idées de l'autre. On s'amuse follement sans jamais se mouiller : pas de parti pris, ni de parole blessante. Bref, les convives rêvés.

Et pour cause, les Gémeaux ne manquent pas de joie de vivre et la Balance aspire à rendre tout le monde heureux : voilà qui laisse présager le meilleur. Et avec la présence de cette énergie Cardinale, le désir d'inaugurer quelque chose de nouveau se manifestera régulièrement. L'Air de la Balance, par nature communicante, incite encore davantage les Gémeaux à verbaliser leurs idées. Ce sera donc un temps d'activité, d'émulation, où le relationnel sera placé au centre. Il n'est pas rare de retrouver ces deux-là à refaire le monde jusque tard dans la nuit.

Pour autant, la Balance vous apportera un zeste de sérieux et le désir d'agir avec justesse dans le monde. À l'occasion de ce tirage, laissez-vous inspirer par cette pensée :

« *Agis de telle sorte que la maxime de ton action puisse être érigée par ta volonté en une loi universelle ; agis de telle sorte que tu traites toujours l'humanité en toi-même et en autrui comme une fin et jamais comme un moyen ; agis comme si tu étais à la fois législateur et sujet dans la république des volontés libres et raisonnables*[6]. »

6. ***Critique de la raison pratique*, Emmanuel Kant, 1788.**

✴ Un temps pour concilier. La Balance est un animal de civisme. C'est l'occasion de réaliser aujourd'hui une action juste et donc de vous interroger d'abord sur ce que « juste » signifie pour vous. Également, soyez attentif lors des échanges avec les autres, leur laissez-vous l'espace pour s'exprimer ? Se déployer ? Savez-vous être à l'écoute ? Savoir composer avec l'autre et le considérer est l'axe que la Balance vous propose d'explorer. En effet, trop souvent nous considérons autrui en fonction de ce que nous désirons de lui… quitte à oublier parfois qu'il est une personne à part entière avec ses désirs et besoins propres.

Vous mettre dans la peau d'une Balance, c'est aussi faire l'expérience du charme et du sourire. Le matin, regardez-vous dans le miroir et souriez avec naturel. Ressentez à quel point ce sourire vous fait du bien, puis testez-le tout au long de votre réalité Balance en visualisant la divine Vénus à vos côtés. Vous ne tarderez pas à remarquer que le sourire est communicatif, tel un phare, il répand l'harmonie. Cette expérience, anodine en apparence, vous permet de dénouer des nœuds, d'assouplir des conflits, d'apporter de la joie et de la beauté à ceux qui vous entourent. Vous remarquerez sans peine que le charme est un catalyseur de communication et d'harmonie. Il en va ainsi du monde et des êtres, ils se laissent attendrir par ce qui a du charme, et la beauté les apaise.

Dans toutes les situations qui se présenteront à vous, conservez ouverture et souplesse.

Attention : l'amabilité de la Balance comporte un fort potentiel de séduction, et c'est une bonne chose… tant que cela ne tourne pas à la manipulation.

Un autre risque pendant cette phase est de prêter attention à l'autre au point de s'oublier. Comme souvent, la solution est dans le symbole du signe : l'équilibre.

Déployez l'énergie du **SCORPION**

L'initié qui scrute son obscurité
Trouve plus de lumière
Que mille esprits falots.

♏

DEVISE : J'APPROFONDIS

- Actions suggérées : vaincre ♦ approfondir ♦ sublimer
- Tempérament induit : lucide ♦ combattant ♦ pénétrant
- Sans tomber dans les travers suivants : obsessionnel ♦ morbide ♦ cynique
- Un temps pour : faire preuve de discernement

- **Aspect de quinconce (150°) : Gémeaux-Scorpion : ouverture aux autres ; incitation au dépassement de soi par de nouveaux objectifs.**
- Énergie naturellement présente du 23 octobre au 22 novembre.

Les Gémeaux folâtrent avec Zéphyr[7], tant et si bien qu'ils interrogent rarement leurs profondeurs, perçues comme trop dérangeantes. Par ce tirage, les jumeaux célestes se mirent dans les eaux souterraines du Scorpion : des formes énigmatiques apparaissent, tâches de Rorschach[8], aussi fascinantes que redoutables. Ce sont les désirs secrets et les sourdes angoisses qui remontent à la surface. Le Scorpion, doté d'une rare lucidité, possède la faculté de les voir et le courage de les transcender.

En vous invitant à scruter l'ombre des situations, ce signe d'Eau vient momentanément calmer vos élans enthousiastes. Tel un sous-marin dérivant dans les eaux profondes de l'esprit des choses, des êtres et des groupes, vous détectez pour ensuite mettre à jour les mécanismes psychologiques et émotionnels les plus intimes. Des prises de conscience émergent et invitent à abandonner de vieux schémas ou liens qui n'ont plus de raison d'être. Par ailleurs, ce regard pénétrant permet de sublimer les pulsions en un élan spirituel…

✷ **Un temps pour faire preuve de discernement et laisser parler son instinct. Lucide et tenace, l'énergie du Scorpion encourage les Gémeaux à voir au-delà des apparences et des postures. Observez attentivement les personnes qui vous entourent. Que percevez-vous de ce qu'ils ne montrent pas ? Que ressentez-vous**

7. Personnification grecque du vent.

8. Test d'évaluation psychologique basé sur la lecture de tâches d'encre, créé en 1921 par le psychiatre suisse Hermann Rorschach.

lorsque vous êtes dans tel ou tel groupe ? Certes, le Scorpion tranche, mais il régénère aussi. Il est le jardinier qui coupe les branches mortes ou malades, afin que l'arbre reparte de plus belle.

Fiez-vous à votre intuition, elle sera votre meilleure alliée et servira fidèlement votre perspicacité. Par exemple, si un de vos projets comporte un point faible, vous saurez le détecter. C'est toujours à de petits détails, en apparence insignifiants, que l'ombre des motivations se révèle... À l'instant *t*, aiguillé vers une combativité froide et déterminée, vous prendrez vos responsabilités et trancherez sans remords.

Faites preuve de vigilance, vous aurez peut-être l'occasion de vous délester de poids morts. Si c'est le cas, mauvaises habitudes ou relations, l'énergie du Scorpion vous aidera à tailler dans le vif. Vous irez à l'essentiel. Et n'oubliez pas : *pour qu'une porte s'ouvre, souvent, il faut qu'une autre se ferme.*

Le Scorpion apporte du magnétisme. Vous pouvez simplement entrer en contact avec l'autre par le regard et votre seule présence. Vous ferez l'expérience de l'épaisseur énergétique qui peut naître de cette seule intention.

Cette énergie n'est pas la plus facile à gérer. Nous sommes loin de l'esprit aérien de Mercure. Mais les Gémeaux ont tout à gagner à accepter ce petit détour par les profondeurs. Ils en ressortiront avec le regard aiguisé, plus conscients que les extrêmes ne sont que les extrémités d'un même ensemble.

Déployez l'énergie du **SAGITTAIRE**

Sous mon échine roulent des muscles sauvages ;
La flamme de la Vérité conduit
mes flèches sans âge.

♐

DEVISE : JE SYNTHÉTISE

- Actions suggérées : explorer ◊ synthétiser ◊ transcender
- Tempérament induit : bon vivant ◊ philosophe ◊ enthousiaste
- Sans tomber dans les travers suivants : intolérant ◊ querelleur ◊ grossier
- Un temps pour : s'élever

- **Aspect d'opposition (180°) : Gémeaux-Sagittaire : intégration ; confrontation.**
- Énergie naturellement présente du 23 novembre au 22 décembre.

Des figures traditionnelles représentent les Gémeaux sous la forme de deux cavaliers sur un même cheval au galop. À l'autre bout du Zodiaque, nous trouvons une créature mi-homme, mi-cheval : le Centaure. Une fusion s'est opérée, et cela illustre à merveille une des clés pour comprendre le Sagittaire : la synthèse.

Tandis que les Gémeaux, munis de leur curiosité, partent en quête d'informations, le Sagittaire opère la conjonction de celles-ci (après qu'elles ont passé les tamis de la Vierge et du Scorpion). À travers le regard du Sagittaire, toutes les informations précédemment conscientisées se révèlent dans leur unité. Les Gémeaux voient les mailles, le Sagittaire voit le filet. L'un ne va pas sans l'autre, et leur réunion peut faire des merveilles… ou des étincelles !

Globalement, le Feu enthousiaste du Sagittaire vient réchauffer l'Air parfois distant des Gémeaux. D'une bonne tape dans le dos, il leur proposera d'aller plus loin dans sa réflexion.

Si pendant cette période, vous êtes traversé par le désir de sauver le monde ou même le chat de votre voisin, et que vos pensées vous orientent vers des plans d'envergure, ne vous étonnez pas, c'est une forte tendance Sagittaire. La maîtrise de Jupiter lui fait penser large, et collectif. Voir plus grand est son obsession… Pour le meilleur et pour le pire. (Ce ne sont pas Walt Disney et Staline qui nous diront le contraire !)

* Un temps pour aller au-delà des paradoxes. Si les Gémeaux butinent des informations de toutes parts, le Sagittaire en extrait le miel, la sagesse. C'est le moment de descendre dans votre laboratoire pour que s'opère la distillation. Un temps pour explorer. Puisez sans retenue dans la confiance illimitée du Centaure. Présentement, vous vous sentez l'âme d'un aventurier... Et si vous n'avez pas envie de quitter vos nuages pour autant, pas de panique ! L'aventure peut très bien commencer dans votre duvet. Le voyage du Sagittaire est avant tout intérieur et procède par étapes.

  Il commence par les interrogations suivantes : si je devais me dépasser, me transcender, ce serait pour faire quoi ? Pour aller où ? Ensuite, il se dit : si je fais quelque chose de positif pour les autres, cette action le sera aussi pour moi... Tandis que si je cherche juste mon bonheur personnel, je renforcerai l'individualisme qui règne.

  À partir de là, guidé par une motivation altruiste, recherchant les besoins de sa communauté, le Sagittaire arrive à s'extraire de lui-même et donc de son intérêt personnel. Procédant ainsi, il accède à une vue de la situation dans son ensemble. Et c'est ce simple procédé qui lui permet de trouver si souvent des solutions inédites.

Le Centaure est traversé par des instincts aussi archaïques qu'élevés. Tout le travail sera de prendre le meilleur de ces deux pôles, sans basculer dans l'un ou dans l'autre. Observez vos pulsions pendant cette période, peut-être serez-vous plus sanguin que de coutume, colérique, gourmand ou impatient. Ou peut-être serez-vous traversé par des aspirations sublimes… Dans tous les cas, vous serez très vivant, car le Centaure est prompt à l'appel de l'âme comme à celui de la chair. Juste milieu entre le ciel et la Terre, il est le réceptacle, tout en même temps, du paradis et de l'enfer.

Relié aux forces premières, le Sagittaire est porteur d'une contagieuse confiance. Pour lui, tout est possible. C'est la foi. Une certaine simplicité émane de cette énergie qui sait synthétiser et vulgariser les concepts les plus arides… non sans humour, et toujours à l'aide d'images percutantes. C'est la raison pour laquelle on le retrouve souvent parmi les pédagogues.

Déployez l'énergie du **CAPRICORNE**

Ici règne la terre gelée, la vie endormie ;
Les colonnes de mon temple sont
Maîtrise et Patience.

♑

DEVISE : JE RÉALISE

- Actions suggérées : construire ◊ aboutir ◊ rationaliser
- Tempérament induit : sérieux ◊ pragmatique ◊ engagé
- Sans tomber dans les travers suivants : cassant ◊ passéiste ◊ patriarcal
- Un temps pour : maîtriser

✳ **Aspect de quinconce (150°) : Gémeaux-Capricorne : ouverture aux autres ; incitation au dépassement de soi par de nouveaux objectifs.**

✳ Énergie naturellement présente du 23 décembre au 21 janvier.

Une haute montagne enneigée, encerclée d'une mer de nuages. Sur un de ses versants, peu avant le sommet, les dieux déposèrent là, il y a bien longtemps, un arbre aux racines noueuses et aux branches tordues par les vents. Et depuis, il persévère. Bienvenue sur les Terres cardinales du Capricorne. Ici, il fait froid, et ce n'est pas forcément tous les jours qu'on rigole. Le Capricorne possède une puissante capacité de réalisation, une ambition implacable et objective. Tout cela, ainsi que la réussite qui en découle, il ne le doit qu'à lui, et à son code disciplinaire drastique. Vous pouvez rire avec le Capricorne, mais pas avant d'avoir achevé le travail qu'il vous avait commandé.

Cette phase implique de l'engagement, le respect des règles édictées, et une conscience aiguë du bien commun. Nous sommes au cœur des structures, nous agissons en accord avec les principes collectifs, et tout cela est très raisonnable.

Si le Capricorne s'accroche si solidement à la roche de l'Histoire, du passé familial ou national, c'est parce qu'il sait qu'aussi brillantes et glorieuses que soient ses réalisations, les choses se transforment inexorablement… Et l'idée que la plus haute montagne (*sa* montagne !) finira elle aussi en galets au fond de l'océan est une grande source d'inquiétude pour lui.

Pourtant, personne n'est mieux placé que cette chèvre à moitié sirène, pour savoir que tout finit en queue de poisson. « *Plus de sagesse, plus de tristesse* »… disait le roi Salomon, avant d'enchaîner avec un joyeux « *Tout est vanité et poursuite de vent* ». Sans aucun doute, il devait être Capricorne !

✷ Un temps pour construire. À l'heure actuelle, vous êtes appelé à poursuivre une œuvre qui est vouée à se cristalliser et à durer. Ce que vous consolidez aujourd'hui (peut-être trop lentement à votre goût) est fait pour perdurer et idéalement transmis le temps venu. Là où vous êtes imaginatif, il vous faudra être rationnel. Là où vous êtes empathique, il vous faudra être détaché. Tout au long de votre réalité Capricorne, vous devrez faire preuve de constance, même si vous êtes face à une entreprise fastidieuse ou aride. Le Capricorne possède une présence très dense, proche de celle du Taureau, mais plus froide et plus tranchante. Vous vous imposerez donc par votre expertise, votre posture, votre capacité à encadrer (et recadrer) les autres et à ne pas vous laisser gagner par votre émotivité. Vous ne laisserez pas de place à l'erreur pendant cette période.

Voilà le paradoxe de notre Capricorne. Maintenir et nourrir les structures tout en portant la conscience qu'elles ne sont que transitoires. Durant cette période, l'idéal est d'œuvrer en gardant à l'esprit que vous êtes un maillon dans l'infinie chaîne des existants. Hauteur de vue, pragmatisme et détachement donneront à vos actes une dimension, n'ayons pas peur des mots, spirituelle.

Déployez l'énergie du **VERSEAU**

À mon pouls, je sens battre l'Humanité ;
Chaque soleil naissant, j'invente ses lendemains.

♒

DEVISE : JE VAIS AU-DELÀ

- Actions suggérées : innover ◊ fraterniser ◊ universaliser
- Tempérament induit : altruiste ◊ idéaliste ◊ iconoclaste
- Sans tomber dans les travers suivants : individualiste ◊ puéril ◊ impulsif
- Un temps pour : partager

- **Aspect de trigone (120°) : Gémeaux-Verseau : coopération ; harmonie ; aide.**
- Énergie naturellement présente du 22 janvier au 20 février.

Le Verseau vient universaliser les tendances naturelles des Gémeaux. Tandis que ces derniers recherchent l'interaction avec leurs proches, le Verseau invite à communiquer avec la totalité. C'est le signe des confréries, des communautés, et des amis. Et peu importe que l'on se voie ou que l'on se touche, c'est avant tout une communauté d'âmes et d'idées à laquelle ce signe convie. Le Verseau sera toujours partant pour mettre en pratique les idées les plus iconoclastes, car il vibre en présence de la créativité et ne craint pas de sortir des sentiers battus. Son maître est Uranus, décrit parfois comme l'Éveilleur, ou le réveilleur, car ses interventions sont brusques et inattendues.

L'appel d'Air qu'apporte le Verseau ne pousse pas à la mesure. Votre tendance naturelle à la dispersion pourrait être décuplée en sa compagnie. Autre détail, ce signe d'Air est fixe. Ce qui peut se traduire par un mental sujet à l'entêtement. Que son idée soit bonne ou mauvaise, c'est son idée, et il y est très attaché. De là, emporté par le sentiment d'être totalement accepté, en communion avec son groupe, ou sa lubie du moment, peuvent se manifester conjointement une tendance certaine à la toute-puissance et une forme d'aveuglement (c'est ainsi qu'émergent les dérives si courantes dans les communautés). Le révolutionnaire doit se garder de sombrer dans l'autoritarisme… Et ne jamais oublier que ce qu'il combat, il le porte aussi en lui.

✴ Un temps pour fraterniser. Au cours de votre réalité Verseau, vous allez vivre l'ouverture au groupe et au monde. Mais plus que cela, vous éprouverez la sensation que vos propositions sont acceptées, et même mieux, accueillies avec enthousiasme. C'est un vent de liberté et disons-le, d'amour humaniste, qui vous porte, profitez-en ! Demandez-vous ce que le monde peut vous offrir, et ce que vous pouvez offrir au monde, sans vous soucier du poids du collectif ou de la société. Avec Uranus à vos côtés, vous avez la chance de faire l'expérience de l'originalité, voire de l'innovation. Vous serez apprécié pour votre fantaisie et votre camaraderie. Comme le Verseau citoyen du monde moderne, vous serez amené à être ultra-connecté. Ne vous laissez pas pour autant déborder par l'ivresse du tout-communicant.

Cette immersion dans les valeurs Verseau est l'occasion rêvée de s'interroger sur la place que tient l'amitié dans votre vie, car le Verseau est l'ami par excellence. Et cet ami sera peut-être plus présent que de coutume.

Déployez l'énergie des **POISSONS**

Amour est mon nom ; Amour est ma quête ;
Quel autre cap sous le firmament ?

♓

DEVISE : J'ACCEPTE

- Actions suggérées : communier ✧ donner ✧ embrasser
- Tempérament induit : réceptif ✧ imaginatif ✧ empathique
- Sans tomber dans les travers suivants : influençable ✧ insaisissable ✧ plaintif
- Un temps pour : aimer

✷ **Aspect de carré (90°) : Gémeaux-Poissons : dynamique ; tension ; progression.**

✷ Énergie naturellement présente du 21 février au 19 mars.

Ici, nous sommes au carré. D'un côté les Gémeaux, des questions plein la tête, et de l'autre, les Poissons, plutôt sur la réserve, sans autre certitude que celle de l'absolu. Puisque tout est là, à quoi bon se démener ? Voilà qui relativise l'intérêt de toute entreprise. Tandis que les Gémeaux s'enthousiasment comme des lapins de trois semaines devant une pâquerette, les Poissons sont plus flegmatiques. La tendance est à la dissolution de tout. Des limites, des conventions, des attentes…

Pendant cette phase, il faudra accepter de ne rien contrôler, la tournure des événements est parfois chaotique, mais il ne faut pas s'en inquiéter pour autant, juste prendre patience, et laisser aux nouvelles configurations le temps de s'agencer. En tant que dernier signe du Zodiaque, Les Poissons représentent un aboutissement. Ils tendent vers l'acceptation, mais aussi vers la dissolution de toutes les formes, de tous les concepts assimilés, de toutes les expériences vécues. C'est un temps de digestion à l'issue duquel il ne doit rester que l'essentiel, libéré des apparences.

✷ **Un temps pour aimer. Les Gémeaux doivent plonger en haute mer. Considérez absolument tout l'espace, toute la création. Votre intuition vous souffle que les limites ne sont qu'illusion, et que l'Autre est un miroir. Dans ces conditions, la seule chose à faire est d'aimer, sans jugement, sans exception ni condition, ou tout du moins : comprendre.**

En présence d'une personne que vous n'appréciez pas, prenez la mesure de ce qui vous rapproche. Abolissez la frontière entre vous, développez de l'empathie à son égard. Demandez-vous si vous pourriez faire quelque chose pour elle, un geste simple et aimant ou peut-être simplement lui reconnaître intérieurement une qualité d'être. Les occasions d'offrir quelque chose ne manqueront pas, libre à vous de décider à qui. L'amour et le don sont en effet les deux nageoires de nos Poissons. À vous de voir s'il s'agit d'offrir un objet symbolique, un peu de votre temps ou bien votre pardon. Ne vous attendez pas à être compris aujourd'hui, vous serez probablement perçu comme insaisissable. Par ailleurs, pendant cette expérience Poissons, vos pensées seront peut-être plus fécondes qu'habituellement mais aussi plus floues, plus nébuleuses. Ne prenez pas pour argent comptant toutes les perceptions qui vous traverseront, Neptune, maître des Poissons, excelle dans l'art de la brume.

♓

LE POÈME DU ZODIAQUE

Sur l'horizon se lève mon ardeur indomptée ;
Champion ourlé de flammes, je m'apprête à jouter.

Puissance exhale de mes naseaux fumants,
À chacun de mes pas, volupté
des fleurs naissantes.

Nous, riants frères aux mains mêlées ;
L'esprit aligné sur le cœur.

Au reflux de mes vertiges, l'eau bruissante ;
Toujours moi-même... Mais qui suis-je ?

Soleil triomphant ;
La vie me fait cortège.
Que je rugisse,
Et tout se désagrège.

Je sers, je sème, je moissonne ;
Ô joie,
Toute graine aimée donne nourriture aux hommes.

De Toi et de Moi naîtra l'Harmonie parfaite ;
Dans le chœur céleste, chacun joue sa partition.

L'initié qui scrute son obscurité
Trouve plus de lumière
Que mille esprits falots.

Sous mon échine, roulent des muscles sauvages ;
La flamme de la Vérité conduit mes flèches
sans âge.

Ici règne la terre gelée, la vie endormie ;
Les colonnes de mon temple sont Maîtrise
et Patience.

À mon pouls, je sens battre l'Humanité ;
Chaque soleil naissant, j'invente ses lendemains.

Amour est mon nom ; Amour est ma quête ;
Quel autre cap sous le firmament ?

Interroger l'oracle au sujet de problématiques précises

Lorsque vous serez plus à l'aise avec vos tirages quotidiens, n'hésitez pas à poser des questions dites de « stratégie ». Quand vous en arriverez là, n'oubliez pas de poser des questions ouvertes, du type : « Comment dois-je procéder pour que la relation évolue au mieux avec Gérard ? » Ce qui vous apportera beaucoup plus d'informations constructives que le triste : « Gérard va-t-il me quitter ? » symptomatique d'une question fermée (et d'une vision de la relation qui n'est guère plus ouverte).

PROPOSITIONS DE QUESTIONS

SI VOUS AVEZ BESOIN D'UN PETIT COUP DE POUCE POUR VOUS LANCER

- Comment aider au mieux mon ami/enfant/proche ?
- Quelle attitude dois-je adopter pour trouver l'appartement/la maison/le château de mes rêves ?
- De quelle manière dois-je préparer mon entretien professionnel/mon examen/ma compétition du 12 février prochain ?
- Comment dois-je procéder pour trouver ma place dans telle situation ?
- Dans quelle direction dois-je m'engager pour que ma vie évolue au mieux ?
- Ou encore : Quelle est ma vocation ?

VOTRE JOURNAL DE TIRAGE

Un journal de tirage, pour quoi faire ?

Dans votre journal de tirage, vous êtes invité à relever tout ce qui vous a semblé vraiment significatif (ne notez pas les détails sinon vous n'aurez très vite plus de place).

Indiquez de façon très lisible la date, la maison et le signe. Puis ce qui a résonné de façon majeure avec votre tirage. Notez aussi vos réactions face à la dynamique reconnue, vos difficultés concernant l'application de la stratégie conseillée, mais aussi vos victoires (y'a pas de mal à se faire du bien) !

À moyen terme, quand vous aurez alimenté cet espace, tel un archiviste, vous pourrez venir y puiser de précieuses données… Et si votre attitude ne vous avait pas donné entière satisfaction lors du premier *round* dans tel signe et telle maison, vous aurez, à l'aide de vos notes, des informations à disposition pour jouer différemment le match retour.

Par ailleurs, ce journal vous permet aussi d'observer si des schémas se répètent. Peut-être qu'un signe ou une maison se manifeste particulièrement pendant une période… Cela peut valoir le coup d'y réfléchir ; mine de rien, ce sont de précieux indicateurs de vos dynamiques de vie, directions qui n'apparaissent pas aussi limpidement quand vous êtes pris dans le flot du quotidien.

Créer son propre jeu

Les cartes fournies avec le livre sont jolies et remplissent très largement leur office. Mais si jamais vous ressentiez l'envie de créer votre propre jeu, alors suivez ce désir ! Cela crée une relation particulière avec l'outil. À l'instar des druides qui gravaient leurs runes sur des morceaux de bois ou des galets, il devient alors un objet véritablement unique, reflet de votre personnalité. Et s'il vous est difficile de trouver des petites languettes de bois ou si vous n'avez pas le temps d'aller chercher des galets, il existe par exemple des sets de table en imitation cuir, peu coûteux, qu'il est facile de découper en petits carrés sur lesquels vous pouvez inscrire chaque symbole à l'aide d'un feutre indélébile… À vous de voir !

L'essentiel est que vous y preniez du plaisir, et au cas où vous seriez ravi du résultat au point d'avoir envie de le partager, vous pouvez le publier sur un de vos réseaux sociaux en mentionnant les Éditions Jouvence. Elles se feront une joie de le relayer !

VOTRE JOURNAL DE TIRAGE

Date : ....

Question de tirage (si personnalisée) : ....

....

Maison : ....

Signe : ....

Résonnances : ....

....

Difficultés éventuelles : ....

....

Date : ....

Question de tirage (si personnalisée) : ....

....

Maison : ....

Signe : ....

Résonnances : ....

....

Difficultés éventuelles : ....

....

LE MOT DE LA FIN

« La Nature est un temple
où de vivants piliers
Laissent parfois sortir de confuses paroles ;
L'homme y passe à travers des forêts
de symboles
Qui l'observent avec des regards familiers. »

Extrait de « Correspondances », *Les Fleurs du Mal*, 1857, Baudelaire.

Nous espérons que cette introduction ludique à l'astrologie vous rapprochera de la nature, de **votre** nature... Qu'elle vous aidera à mieux appréhender ces paroles qui ne sont confuses que pour les gens pressés, ceux qui ne prennent plus le temps d'écouter, et qu'elle vous sera boussole dans cette si fameuse « forêt de symboles » qui n'attend rien d'autre que vous veniez y danser.

Dépôt légal : avril 2021
Achevé d'imprimer par Rotografika en mars 2021
Imprimé en Serbie

I
P.74

II
P.75

III
P.75

IV
P.76

V
P.77

VI
P.77

VII
P.78

VIII
P.78

IX
P.79

X
P.80

XI
P.80

XII
P.81